KB179060

석가모니가 들려주는

해탈 이야기

석가모니가 들려주는

해탈 이야기

ⓒ 고영섭, 2008

초판 1쇄 발행일 2008년 12월 26일
초판 11쇄 발행일 2022년 6월 3일

지은이   고영섭
그림   조영선
펴낸이   정은영

펴낸곳   (주)자음과모음
출판등록   2001년 11월 28일 제2001-000259호
주소   10881 경기도 파주시 회동길 325-20
전화   편집부 (02)324-2347, 경영지원부 (02)325-6047
팩스   편집부 (02)324-2348, 경영지원부 (02)2648-1311
e-mail   jamoteen@jamobook.com

ISBN   978-89-544-0839-4 (64100)

석가모니가 들려주는
해탈 이야기

고영섭 지음

|주|자음과모음

　석가모니는 인도 북부에 살았던 석가족의 성인입니다. 동시에 자기
와의 싸움을 통해 영원한 자유의 길을 연 인류의 스승이기도 합니다.
그는 인간으로서 견뎌내기 어려운 생로병사의 고통을 이겨내고 자유로
운 삶의 방법인 붓다의 길을 열었습니다. 붓다는 삶의 의미와 존재의
본질을 깨닫고 눈을 뜬 분입니다. 그래서 그는 인류의 대성인으로 추앙
받고 있습니다.

　석가모니 붓다의 가르침은 '해탈'로 표현됩니다. 번뇌로부터 벗어나
는 해탈은 '열반'과 '정각' 또는 '중도'와 '연기' 등으로 불리기도 합
니다. 그 밖에도 있는 그대로 보는 '지혜'와 더불어 나누는 '자비' 혹은
두 가지 진리인 '이제'와 존재의 세 가지 속성인 '삼성' 등으로 불리기
도 합니다. 이것들은 모두 고통으로부터 벗어난 해탈의 다른 표현이 됩
니다. 이렇게 붓다의 가르침이 여러 가지로 표현되는 까닭은 중생이 부
딪치고 있는 상황이 항상 동일하지는 않기 때문입니다.

고타마 싯다르타는 6년간 고행을 했습니다. 하지만 육신을 학대하는 고행으로는 생사의 고통을 해결할 수 없음을 깨닫고 보리수 아래로 가서 앉았습니다. 거기서 고통이 어떻게 생겨나는지, 그리고 고통이 어떻게 사라지는지를 반복의 과정을 통해 터득했습니다. 그리하여 고통으로부터 자유로워지는 길인 연기를 발견했습니다. 연기의 발견은 곧 존재에 대한 집착으로부터의 자유를 의미했습니다. 그는 거기에서 비로소 자유로워질 수 있었습니다.

이 책은 석가모니 붓다의 가르침인 해탈에 관한 이야기입니다. 해탈은 탐냄과 성냄과 어리석음으로부터의 벗어남을 뜻합니다. 이 세 가지는 우리의 평정심을 깨뜨리는 독이 됩니다. 해탈은 탐내지 않고 만족을 알고, 성내지 않고 온화함을 알며, 어리석지 않고 지혜로워지는 길입니다. 붓다는 이런 독이 되는 세 가지 마음으로부터 벗어난 분입니다. 때문에 그는 영원한 자유를 얻을 수 있었습니다.

우리 친구들도 언젠가는 석가모니 붓다처럼 마음의 자유를 얻을 수 있겠지요? 이 책이 그 여정에 조금이나마 도움이 되길 바랍니다.

2008년 12월
고영섭

C O N T E N T S

책머리에
프롤로그

1 나는 지금 괴로운가 | 013
1. 지렁이와 까치 2. 지혜 아줌마
3. 나도 고통을 안다고 4. 엄마의 고통
• 철학 돋보기

2 괴로움은 어떻게 생겨난 것인가 | 049
1. 의심의 울타리 2. 나는 지난날에 네가 한 일을 알고 있다?
3. 있다가도 없고, 없다가도 있고 4. 엄마, 미안해요, 그리고 사랑해요
• 철학 돋보기

3 괴로움이 사라진 뒤에는 어떻게 되는가 | 081
1. 범인의 정체는? 2. 새하얀 게임기
3. 마음먹은 대로
• 철학 돋보기

4 괴로움을 없애기 위해서는 어떻게 해야 하는가 | 107
1. 지훈아, 미안해! 2. 두 개의 세계
3. 네 개의 문으로 들어가다 4. 나와 맺은 인연
5. 아빠와 지혜 아줌마
• 철학 돋보기

에필로그
부록_통합형 논술 활용노트

프롤로그

우리 아빠는 동화를 쓰는 분이에요. 유명한 작가는 아니지만 서점에 가면 아빠가 쓴 동화책이 한두 권쯤 진열돼 있어요. 아빠가 쓰는 동화의 소재는 대부분 '나'에게서 나오지요. 어떤 경우에는 동화 속 주인공이 나와 완전히 똑같을 때도 있어요.

아빠가 유명한 작가가 아닌 건 다행스런 일이에요. 그렇지 않았으면 내 생활이 벌써 친구들에게 공개되고 말았을 거예요.

아빠는 소재를 얻기 위해 쉴 새 없이 말을 걸어요. 어쩔 때는 심하다는 생각도 들어요. 시험 공부하는 내내 옆에 붙어서 친구들과 학교 이야기 등을 물어봐서 방해가 될 때도 있어요.

그렇다고 내가 공부를 썩 잘하는 건 아니에요. 그래도 중간은 되려고 애쓰고 있어요. 다른 부모님은 공부에 방해가 될까 봐 자녀의 시험 기간 중에는 숨소리도 제대로 안 낸다던데……. 우리 아빠는 영 도움을 주지 않네요.

"선재야!"

아빠가 또 불러요. 으, 아빠! 제발! 내일이 기말고사란 말이에요.

"선재야!"

나는 귀를 꽉 막았어요. 쿵쿵거리며 내 방으로 걸어오는 아빠의 발소리가 들려요. 쿵쿵쿵. 점점 더 크게 들려요. 하나, 둘, 셋! 문이 열린다!

"해선재!"

아빠가 문을 벌컥 열고 들어왔어요. 그러더니 내 머리를 끌어안으며 아빠의 턱으로 마구 비비는 거예요.

"아야! 아파, 아빠!"

"아, 미안, 미안……. 집에 왔으면 왔다고 아빠한테 인사를 해야지. 우리 아들 얼마나 보고 싶었는데."

"아빠는! 매일 보면서 뭐가 보고 싶어?"

나는 시큰둥하게 말했어요.

"매일 봐도 보고 싶은걸?"

쪼옥. 아빠가 내 뺨에 뽀뽀를 했어요.

"아빠는! 징그럽게."

아빠는 침대에 앉아 내가 공부하는 모습을 지켜보고 있었어요. 어? 오늘은 이상하네요. 오 분이 지나도록 소재를 달라고 애원하지 않으니 말이에요.

"아빠, 오늘은 어쩐 일이야? 벌써 소재를 찾았어?"

"응."

"뭔데?"

"석가모니에 관한 동화를 쓰려고."

"그게 뭐야. 애들이 보려면 정말 재밌게 써야겠는걸."

나는 시큰둥하게 말했어요.

"서당 개 삼 년이면 풍월을 읊는다더니, 이젠 네가 아빠가 쓰는 글에 대해 충고를 하는구나. 좋아! 재미있게 쓰마."

"어쩐지…… 지혜 아줌마가 있어서 나한테 소재 달라는 얘기를 안 하셨군. 석가모니면 지혜 아줌마가 아주 잘 아실 거 아니야. 그 덕에 데이트도 좀 하시고. 지혜 아줌마한테 얻어만 먹지 말고."

나는 책을 보며 건성건성 말했어요. 지혜 아줌마는 아빠와 엄마의 소꿉친구예요. 그리고 대학교에서 불교학을 가르치는 교수님이고요.

"데이트는 무슨. 그리고 내가 언제 얻어만 먹었다고. 나도 가끔 살 때도 있다."

아빠도 약간은 자존심이 상했나 봐요. 나는 흘끗 아빠를 본 후 다시 책을 읽었어요.

"공부, 너무 열심히 하는 거 아니야?"

"중간은 해야 할 거 아니야. 아빠 아들이 꼴등이었음 좋겠어?"

"아빠는 우리 아들이 꼴등을 해도 좋아. 건강하게만 자라다오."

아빠가 침대에서 일어나 내 머리를 세게 한 번 쓰다듬은 후 나갔어요. 그런데 갑자기 방문이 확 열렸어요.

"해선재! 내일 시험 끝나면 아빠하고 놀아 줘야 해!"

"아빠는 지혜 아줌마가 있잖아. 지혜 아줌마랑 놀아. 석가모니 동화 쓰니까 더 자주 만날 수 있겠네."

나는 아빠를 쳐다보지도 않고 말했어요.

"지혜는 재미없다. 선재가 재밌다!"

철부지 아빠. 마흔 살이 다 되도록 놀 사람도 없어서 항상 열세 살 아들한테 놀아 달라고 떼나 쓰고. 아빠는 글을 쓸 때 빼고는 나보다도 더 철부지 같아요.

나는 지금 괴로운가

1. 지렁이와 까치
2. 지혜 아줌마
3. 나도 고통을 안다고
4. 엄마의 고통

 이 세상에는 그 누구도 이룰 수 없는 다섯 가지가 있다. 첫 번째는 나이 들지 않는 것, 두 번째는 병들지 않는 것, 세 번째는 죽지 않는 것, 네 번째는 소멸이 일어나고 있을 때 소멸을 멈추는 것, 다섯 번째는 살아 있다는 사실을 부정하는 것이다.

— 석가모니

1 지렁이와 까치

망했어, 망했어! 시험이 왜 이리 어려운 거야? 아! 시험 없는 세상에서 살고 싶다. 어디 시험 없는 나라 없나? 나는 마지막 시험지를 제출한 후 머리카락을 쥐어뜯었어요. 이번 시험에서는 중간 등수 차지하기도 힘들 것 같아요.

분명히 어제 책에서 본 것 같았는데, 왜 이리 생각이 안 나는지. 나는 슬그머니 미선이와 영택이를 봤어요. 미선이는 표정이 밝은 걸로 봐서 이번에도 잘 본 모양이에요. 진짜 미선이에게 과외를

받든지 해야지. 난 왜 공부를 해도 성적이 안 오를까요? 영택이 표정은? 뭐야? 웃고 있잖아. 영택이도 잘 봤나 봐요. 으, 나만 못 봤나 봅니다. 나는 풀이 죽어서 책상에 머리를 박고 말았어요. 그 때 누군가 내 어깨를 툭 쳤어요.

"해선재, 또 못 봤냐?"

영택이의 밝은 목소리가 듣기 싫었어요.

"왜? 또 아빠가 시험을 방해하셨나?"

이번에는 미선이까지 합세했어요.

"혼자 있고 싶다. 저리 가라."

나는 손을 휘휘 저었어요.

"다음에 잘 보면 되잖아."

미선이가 말했어요.

"다음에? 언제? 중학교 가서?"

중학교에 갈 생각을 하니 완전히 힘이 빠졌어요. 초등학교에서 보는 마지막 시험은 정말 잘 치르고 싶었는데. 나는 앉은 채로 의자를 뒤로 쭉 뺀 후 천천히 고개를 들었어요. 그리고 주섬주섬 책을 챙겼어요. 나는 집에 들어가기 전에 집 앞 놀이터에 들렀어요. 그리고 힘없이 그네에 앉았어요.

"아, 오늘 진짜 시험 잘 보고 싶었는데. 휴!"

오늘은 아빠 생신이에요. 나는 지난달에 게임기를 사느라 이달 용돈까지 이미 다 쓴 상태에요. 그래서 비싼 선물 대신 시험 점수를 잘 받는 걸로 아빠한테 선물하고 싶었어요. 그리고 또 오늘은 엄마의 제삿날이기도 해요. 엄마한테도 좋은 점수를 선물하고 싶었는데…….

올해는 아빠의 양력 생신과 엄마의 음력 제삿날이 겹쳤어요. 그래서 이번 시험이 두 분에게 동시에 선물을 드릴 좋은 기회라고 생각했어요. 그런데 그 기회를 놓친 거예요. 이런 바보 멍청이!

"우와, 애들아, 이것 봐."

놀이터에서 놀던 한 꼬마가 소리쳤어요. 그러자 몇몇 꼬마들이 소리 나는 쪽으로 몰려갔어요. 나는 무슨 일인가 고개를 쭉 빼고 꼬마들을 봤어요.

"으, 징그럽다."

"이렇게 큰 지렁이 봤어?"

지렁이? 놀이터에 웬 지렁이? 어제 비가 와서 땅속에서 나왔나? 한 꼬마가 나뭇가지로 지렁이를 들어 올렸어요.

"우와, 뱀 같아."

나뭇가지에 걸린 분홍색 지렁이가 꿈틀거렸어요. 진짜 오랜만에 보는 지렁이였어요. 그리고 꼬마들 말처럼 지렁이는 여느 지렁이보다 도톰하고 길었어요. 조금 과장해서 새끼 뱀이라고 해도 믿을 정도였어요. 꼬마는 지렁이가 걸린 나뭇가지를 다른 애들 코앞에 내밀면서 겁을 줬어요. 그러다 지렁이가 나뭇가지에서 떨어졌는데 한 꼬마의 발에 밟혔어요.

"야! 너 때문에 지렁이 죽었어."

아이들이 지렁이를 둘러싼 채 앉았어요. 그리고 한 아이가 진짜 지렁이가 죽었는지 나뭇가지로 콕콕 찔렀어요.

"이것 봐, 안 움직이잖아."

꼬마들은 죽은 지렁이에게 흥미를 잃었는지 다들 자리를 떴어요. 나는 그네에 앉아서 지렁이를 지켜봤어요. 그런데 아이들이 사라진 후 지렁이가 꼬물거리며 움직였어요.

"어라? 그럼 지렁이가 죽은 척한 거였어? 지렁이에게도 그런 지능이 있단 말이야?"

나는 죽은 줄 알았던 지렁이가 움직이자 반가웠어요. 그런데 그때 어디서 나타났는지 까치가 총총걸음으로 오더니 꿈틀거리는 지렁이를 부리로 톡톡 쪼는 거예요.

"어? 뭐야? 안 되는데."

나는 살기 위해 애쓰는 지렁이가 불쌍했어요. 그래서 까치가 눈치 채지 않게 천천히 바닥에 있는 돌멩이를 주웠어요. 그리고 까치를 향해 돌멩이를 힘껏 던졌어요. 돌멩이는 안타깝게 까치를 맞히지 못하고 옆에 떨어졌어요.

그 바람에 깜짝 놀란 까치가 날아가고 말았어요. 나는 그네에서 일어나 지렁이가 있었던 자리로 갔어요. 그런데 그곳에는 지렁이가 없었어요. 약삭빠른 까치가 지렁이를 물고 갔나 봐요.

"불쌍한 지렁이. 그러게 몇 분 살지도 못할 거 왜 땅 속에서 나왔냐. 아니, 그 놈의 까치는 언제부터 지렁이를 보고 있었던 거야?"

놀이터에서 나서려는데 낯익은 뒷모습이 걸어가고 있었어요. 아빠? 그런데 그 옆에는 누구냐? 지혜 아줌마? 나는 아빠를 부르려다 말고 멀찌감치 떨어져 걸었어요. 아빠와 지혜 아줌마의 데이트를 방해하고 싶지 않았어요. 사실 진짜 데이트인지는 모르겠지만요. 지혜 아줌마는 엄마 제사 때마다 우리 집에 와요. 그래서 오늘도 우리 집에 온 모양이에요.

2 지혜 아줌마

아빠와 지혜 아줌마가 우리 집 앞에 멈췄어요. 지혜 아줌마는 엄마의 제삿날에 빠진 적이 없어요. 오늘도 어김없이 지혜 아줌마가 왔네요. 어? 그런데 아줌마가 우리 집에 안 들어가네요. 아빠와 아줌마의 표정이 밝지 않았어요. 뭔가 심각한 대화가 오고 가는 것 같았어요. 아줌마는 아빠와 인사를 한 후 다시 내 쪽으로 걸어왔어요. 나는 잽싸게 전봇대 뒤에 몸을 숨겼어요. 뭐지? 분위기가 좋지 않았는데. 둘 사이에 무슨 일이 생긴 거 아니야?

전봇대 뒤에 숨어서 아줌마의 뒷모습을 한참 동안 봤어요. 아빠한테 지혜 아줌마는 과분한 상대예요. 아빠는 애 딸린 홀아비인데, 아줌마는 얼굴 예쁘지, 돈도 잘 벌지, 그리고 결혼도 안 했지. 그런데 나는 왜 아빠와 아줌마가 지금보다 더 친해지는 게 싫을까요? 엄마 때문에?

엄마는 나를 낳고 칠 일 만에 하늘나라로 갔어요. 그래서 엄마라고 해 봐야 사진 속 엄마밖에 몰라요. 13년 동안 나에게 엄마 자리는 비어 있었어요. 친구들이 엄마 얘기를 할 때면 나도 엄마가 있었으면 좋겠다는 생각을 해요.

가끔은 아빠랑 친한 지혜 아줌마가 엄마가 되면 어떨까 상상해 보지요. 그런데 이상하죠? 엄마 아닌 사람이 엄마가 된다고 하니까 기분이 썩 좋지만은 않은 거예요. 딱히 지혜 아줌마가 싫은 것도 아니면서요. 지금까지 13년 동안 비어 있던 엄마 자리를 빼앗길 것 같다는 생각이 드는 이유는 뭘까요?

나는 외할머니와 아빠 그리고 이모와 함께 살아요. 엄마는 일곱 살 때부터 지금 우리가 살고 있는 집에서 살았대요. 엄마와 소꿉친구인 지혜 아줌마는 내가 태어나기 전부터 우리 집을 들락거렸어요. 그래서 우리 집 물건이 어디에 뭐가 있는지는 아빠보다도 훨씬 더 잘 알아요.

엄마가 하늘나라로 간 후에도 아줌마는 여전히 우리 집에 왔어요. 어렸을 적에는 이모와 지혜 아줌마가 엄마인 줄 알았어요. 그러다가 지혜 아줌마가 엄마의 친구라는 사실을 알면서 왠지 어색해졌어요. 엄마의 친구라는 사실을 몰랐을 때는 아빠보다도 더 많은 말을 주고받은 사이였는데.

아줌마는 여전히 나를 잘 챙겨주고 좋아해요. 물론 나도 아줌마에게 감사하고 있어요. 때때로 나는 이런 생각을 해요. 아줌마가 엄마 친구라는 사실을 알기 전에 아줌마와 아빠가 결혼을 했으면 어땠을까요? 시간이 지날수록 엄마의 빈자리가 점점 작아질 줄 알았는데, 그 반대예요. 시간이 흐를수록 엄마라는 존재가 더욱 절실하게 다가오네요.

아줌마를 뒤로하고 터덜터덜 집으로 들어갔어요. 집에 들어서자 부엌이며 거실에 맛있는 냄새가 가득했어요. 맛있는 냄새를 맡자 시험 때문에 우울한 마음이 언제 그랬냐는 듯이 사라졌어요. 할머니, 이모, 아빠는 식탁 의자에 앉아 열심히 음식을 만들고 있었어요.

"오늘 지혜 아줌마는 안 오셔?"

나는 아빠에게 물었어요.

"오늘 세미나 있어서 못 오신대."

아빠가 그릇에 곶감을 담으며 새빨간 거짓말을 했어요. 나는 집 앞에서 지혜 아줌마와 아빠를 봤다고 말하려다가 그만뒀어요. 거짓말을 하는 이유가 있을 거라는 생각이 들었어요.

"제사 때마다 오셨는데 올해는 빠지니까 좀 그렇다."

나는 아빠를 보고 말했어요. 하지만 아빠는 내 말을 들었는지, 못 들었는지 아무런 반응도 보이지 않았어요.

"가끔씩 지혜 언니의 웃음이 터져 줘야 좀 재밌는데."

이모가 호박전 하나를 입에 쏙 넣으며 말했어요.

"음식 싸 놓을 테니 내일이라도 와서 가져가라고 전화해라."

할머니는 지혜 아줌마를 정말 잘 챙겨요. 이모 말에 의하면 할머니는 지혜 아줌마를 통해서 하늘나라로 간 엄마를 보는 것 같다고 해요.

"그나저나 우리 아들 오늘 얼굴빛이 영 안 좋다."

아빠가 내 얼굴을 흘긋흘긋 보며 말했어요.

"왜, 안 좋은 일 있었니?"

할머니가 나를 보며 말했어요. 나는 호박전을 우물우물 먹으며 고개를 저었어요. 역시 아빠의 눈썰미는 대단해요. 나는 시험을 망쳤다는 사실을 들킬까 봐 대화의 내용을 얼른 돌렸어요.

"아, 아까 놀이터에서 지렁이 죽은 걸 봐서."

"지렁이?"

할머니, 이모, 아빠가 동시에 물었어요.

"그게 왜?"

아빠가 눈빛을 반짝이며 물었어요. 아빠의 눈빛! 동화 소재를 건지겠다는 저 일념. 나는 시험을 잘 못 본 사실을 들키지 않으려고 더 과장해서 이야기를 했어요.

"아이들이 간만에 땅속에서 나온 지렁이를 괴롭히는 거야. 그래서 지렁이가 죽었어. 그런데 죽은 줄 알았던 지렁이가 애들이 없어지니까 다시 움직이는 거 있지. 한 마디로 죽은 척한 거지."

"지렁이도 죽은 척을 할 줄 아나?"

나물을 무치던 이모도 나와 같은 생각을 했어요.

"지렁이가 움직여서 겨우 살았나 보다 했는데…… 글쎄, 간신히 꼬물거리는 지렁이를 까치가 와서 물잖아. 그래서 내가 까치한테 돌멩이를 던졌는데 결국 지렁이를 물고 날아가 버렸어."

"그래서 시무룩한 거야? 다른 이유가 있는 것 같은데."

이모가 게슴츠레 눈을 뜬 채 나를 보고 물었어요. 아, 정말 이모는 눈치가 너무 빨라서 탈이라니까. 난 좀 더 심각한 표정을 지었어요.

"지렁이가 불쌍하더라고. 살려고 버둥거리다가 결국 까치한테 잡아먹히고. 뭐랄까. 생명이라는 게……."

나는 상에 젓가락을 내려놓고 고개를 숙였어요.

"생명? 너 개미 잘 죽이잖아."

이모가 한마디 던졌어요.

"개미만 잘 죽이나, 모기, 거미, 메뚜기……. 지금까지 죽인 곤충을 다 합하면 한 트럭은 나오지 않을까? 해선재, 빨리 털어놓으시지. 뭐야? 학교에서 무슨 일 있었어?"

이모가 의심에 가득 찬 눈으로 나를 봤어요.

"아, 그러니까 생명이라는 게 말이지."

나는 이모의 눈을 피해 천장을 보고 말했어요. 시험 얘기를 하면 즐거운 분위기로 식사를 할 수 없을 거예요. 결국 이모도 시험 결과를 알게 되겠지만 나는 최대한 늦게, 아주 늦게 이모가 알길 바랐어요.

"우리 아들이 지렁이를 통해 생명에 대한 생각을 다 하다니."

아빠가 수저를 정리하며 말했어요. 나는 얼른 아빠의 말을 이었어요.

"그렇게 빨리 죽을 거면 안 태어나는 게 나을지도 몰라. 지렁이한테는 세상이 온갖 위험한 것 투성이야."

"선재가 싯다르타와 같은 말을 하네."

아빠가 말했어요.

"싯다르타?"

"고타마 싯다르타. 석가모니 말이야."

"아, 붓다. 인간도 신도 아닌?"

아빠가 고개를 끄덕였어요.

"어디, 지렁이한테만 그러나. 인간에게도 세상은 위험하긴 마찬가지지. 오죽했으면 인간의 삶을 고통의 연속이라고 하겠냐."

이모는 점점 심각해졌어요. 나는 시험 결과를 눈치채지 못하는 이모를 보며 다행이라고 생각했어요.

3 나도 고통을 안다고

"왜 삶이 고통의 연속이라는 거야? 고통이 왜 생기는데?"

나는 당면을 돌돌 말아 먹으며 물었어요.

"이를테면 선재가 좋은 성적을 받고 싶은데 생각처럼 되지 않는 경우가 있지 않니?"

"켁켁켁!"

나는 아빠의 말에 깜짝 놀라 사레가 들고 말았어요. 무서운 아빠, 정곡을 찌르다니.

"얘는. 너 뭐 찔리는 거 있니? 성적에 왜 이리 민감하게 반응하는 거야?"

이모가 대수롭지 않게 말했어요. 나는 슬그머니 이모의 눈치를 살폈어요. 이모는 아주 끈질긴 사람이에요. 그래서 내가 시험을 봤다는 사실을 알면 붙잡아 놓고 어떤 문제가 나왔는지, 어떤 문제를 틀렸는지 꼬치꼬치 따질 거예요. 상상만 해도 머리가 아파요. 나는 머리를 절레절레 흔들었어요.

아, 이런 게 바로 고통이네. 이모에 의해 나는 고통을 받고 있다……. 그러고 보니 평소에도 나는 이모의 잔소리 때문에 고통을 받고 있었어요.

"그래, 그것처럼 자신이 이루고 싶은 욕망이 뜻대로 되지 않을 때 괴롭지 않겠니? 마찬가지로 미래에 내가 무엇을 해야 할지 확실히 알 수 없으면 괴롭지 않겠니?"

"아빠 말이 맞아."

나는 시무룩하게 대답했어요. 내 미래에 대해서 정확히 아는 것은 둘째 치고 성적이 조금만 더 좋게 나왔어도 어깨에 힘이 들어갈 텐데.

"이 세상에 존재하는 고통은 몇 가지나 있을까?"

아빠가 물었어요.

"몇 가지라니? 고통에도 종류가 있어? 고통이라고 말하면 한 가지 아니야?"

"응. 붓다는 크게 여덟 가지로 분류하고 있단다."

"무슨 고통의 종류가 그리도 많아?"

"고통에는 태어나는 고통, 늙어가는 고통, 병들어가는 고통, 죽어가는 고통 이 네 가지가 있지."

태어나고 늙고 병들고 죽는다……. 이 모든 것이 고통이라니. 평소에는 그런 생각을 해 보지 않아서 몰랐어요. 나는 허리를 구부리고 앉아서 떡을 담고 있는 할머니를 보았어요. 늙는 것이 고통이라니. 나는 아빠를 보았어요. 이제 아빠 머리에도 희끗희끗 흰머리가 보여요. 아빠도 늙고 있다는 증거겠지요?

"아빠도 늙는다는 사실이 고통스러워?"

"죽음을 생각하면 고통스럽지. 죽는다는 게 고통스럽다기보다 사랑하는 사람들과 헤어져야 한다는 사실이 고통스러운 거지."

아빠의 말에 할머니, 이모, 나는 고개를 끄덕였어요. 나는 아직 아빠만큼 죽음이 가깝게 느껴지지 않았어요. 하지만 사랑하는 사람들과 헤어진다고 생각하니 그건 확실히 고통이라는 생각이 들었어요.

"사랑하는 사람과 헤어지면 그게 더 고통이겠다. 사랑하는 사람과 헤어지는 고통까지 포함해서 고통의 종류를 다섯 가지로 해야겠어."

내가 말했어요.

"그 고통 말고도 또 있지."

나는 아빠를 쳐다봤어요.

"또? 음……. 이모 말대로 세상은 고통 투성이군."

"사랑하는 사람과 헤어지는 고통 말고도 아무리 구하려고 해도 얻을 수 없는 고통, 미워하는 사람과 다시 만나야 하는 고통."

아빠의 말에 나는 가슴이 뜨끔했어요. 내가 살면서 다 느끼는 것들이 고통이었다는 사실을 이제야 알았어요.

"알 것 같아. 고통이 왜 생기는지."

나는 심각한 목소리로 말했어요. 나의 말에 이모가 콧방귀를 뀌었어요.

"그래서 싯다르타는 '생로병사'의 고통에서 벗어나기 위해서 출가를 했지. 고통에서 벗어나는 길을 찾아 모든 사람들이 자신의 고통에서 벗어날 수 있게 하려고 말이야."

"고통에서 벗어나는 것이 가능해?"

나는 의아했어요. 어떻게 고통에서 벗어날 수 있을까요?

"그럼. 가능하지. 싯다르타가 붓다로 탈바꿈한 것 자체가 고통을 벗어났다는 거지. 해탈에 이르는 길. 그것이 바로 고통에서 벗어나는 길이야."

아빠의 말에 머리가 복잡해졌어요. 해탈이라니. 그건 또 얼마나 어려운 일일까? 차라리 약간의 고통을 느끼며 이렇게 사는 게 낫겠다는 생각이 들었어요.

"갑자기 진지한 철학 시간이 된 것 같네."

이모가 말했어요.

"난 해탈 없이 이렇게 사는 게 좋아."

"하긴 너같이 생각하기 싫어하고 단순한 거 좋아하는 애가 해탈이 가당키나 하겠니."

이모가 무시하는 투로 말했어요. 나는 이모의 말에 입을 삐죽거렸어요.

"처제, 우리 선재 너무 무시하지 마."

그럼 그렇지. 역시 우리 아빠야. 나는 아빠를 보고 어깨를 으쓱였어요.

"선재도 다 생각이 있는 녀석이라고. 그렇지 않으면 어제 그렇게 공부를 열심히 했겠어? 오늘이 시험이라고 말도 못 시키게 하던걸."

으아, 아빠! 아빠는 나를 보며 씩 웃었어요. 자랑스럽다는 칭찬의 의미였어요. 나는 아빠의 말에 바로 꼬리를 내리고 몸을 움츠렸어요.

"해선재! 오늘이 시험이었어? 제사 끝나고 보자."

이모가 가자미눈으로 나를 쳐다봤어요.

"어쩐지, 이상하다 했다. 지렁이가 어쩌고, 생명이 어쩌고. 고통? 네가 고통이 뭔지 안다고? 그럼 그렇지. 너, 시험 못 봤지? 시험을 못 봤으니 정말 고통스러울 거야. 그렇지?"

이모가 비아냥거리면서 말했어요. 이모는 정말 귀신이에요. 나는 절대 이모를 속일 수 없어요. 그래도 이번에는 아빠만 아니었어도 잘 넘길 수 있었는데.

"됐다, 그만해라. 제사상 다 준비됐으면 이제 시작하자."

할머니가 자리에서 일어나 옷매무새를 바로 잡았어요. 우리는 할머니를 따라 제사상 앞에 섰어요. 엄마가 사진 속에서 환하게 웃고 있었어요. 할머니의 훌쩍거리는 소리가 들렸어요. 할머니는 매해 제사 때마다 우세요. 하지만 나는 엄마의 제삿날에 한 번도 울지 않았어요. 밝게 웃고 있는 엄마 사진을 보면 눈물이 안 나요. 엄마가 너무 일찍 떠나서 그런 걸까요? 나는 엄마에게 절하고 술잔을 올렸어요.

"여보, 선재 좀 봐. 벌써 열세 살이 됐어. 태어났을 때는 내 팔뚝만 했는데. 벌써 이렇게 컸어. 장하지?"

아빠가 엄마 사진을 향해 말했어요. 사진을 보고 말하는 아빠의 목소리는 정말 부드러웠어요. 그리고 다정했어요. 진짜 살아 있는 사람한테 말하는 것 같았어요. 아빠 목소리를 듣고 있으면 사진 속 엄마가 말을 할 것 같아요.

진짜 엄마가 나를 보며 장하다고 할까요? 시험도 망쳤는데. 순간 엄마에게 미안하다는 생각이 들었어요. 중학교 올라가서는 정말 열심히 할게요, 엄마. 나는 사진 속 엄마를 바라보며 굳게 다짐했어요.

4 엄마의 고통

제사가 끝나자 이모가 부엌에서 촛불 켠 케이크를 들고 나왔어요. 오늘은 아빠의 생일이기도 하니까요.

"생신 축하합니다~ 생신 축하합니다~ 사랑하는 아빠의 생신 축하합니다~."

후! 아빠가 한 번에 촛불을 껐어요. 짝짝짝짝.

"형부, 생신 축하드려요."

이모가 초록색 리본으로 묶은 상자를 내밀었어요.

"이 서방, 생일 축하해."

할머니도 아빠에게 선물을 줬어요.

"해선재, 넌 뭐야? 아빠한테 선물 안 줘?"

이모가 재촉했어요.

"선물은 뭐. 선재가 건강하면 그게 선물이지."

아빠가 내 어깨를 껴안으며 말했어요.

"너, 벌써 용돈을 다 쓴 거야?"

이모가 이맛살을 찌푸린 채 말했어요.

"사실, 그게 말이지. 선물을 드리려고 했는데 준비가 덜 됐네. 하지만 내년에는 확실히! 대신 올해는 카드만. 아빠 생신 축하드려요."

나는 아빠에게 카드를 내밀었어요. 아빠는 카드를 읽고 무척 좋아했어요. 쪼옥! 아빠가 내 뺨에 뽀뽀를 했어요. 카드를 받고 좋아하는 아빠를 보자 정말 죄송스러웠어요. 아, 공부를 좀 더 열심히 할걸. 하루만 더 열심히 했었어도…… 내년엔 진짜 성적으로 깜짝 놀라게 해 드릴 거예요.

제사도 끝나고 생일 파티도 끝나고 시험도 끝나고. 설거지와 뒷정리도 끝나고. 휴, 오늘은 정말 많은 일을 했어요. 뭔가 일을 많이 한 날이면 뿌듯해요. 장하다, 해선재.

"똑똑똑."

아빠일 거예요. 우리는 항상 자기 전에 오늘 있었던 일에 대해 이야기를 해요. 내가 어렸을 적에는 아빠가 책에서 본 내용이나 동화를 들려주곤 했어요. 내가 자라면서 아빠가 해 주는 이야기의 범위도 점점 넓어졌죠. 나는 잠들기 전에 아빠와 이야기하는 시간이 즐거워요.

"오늘 시험 보느라 애썼다. 그리고 카드도 고맙고. 선재는 오늘 하루 어땠어?"

"사실, 좋은 성적을 선물로 드리고 싶었어. 그런데 그게 뜻대로 안 되네. 그래서 속상해. 속상한 마음이 고통이지?"

아빠가 고개를 끄덕였어요.

"괜찮아. 다음에 잘 하면 되지. 다음에는 꼭 그 선물 줘야 한다."

아빠가 빙그레 웃으며 내 머리를 쓰다듬었어요.

"아빠."

"응?"

"엄마 말이야."

나는 책상 위에서 환하게 웃고 있는 엄마 사진을 봤어요.

"엄마도 죽을 때 고통스러웠을까?"

아빠가 잠시 동안 나를 바라봤어요.

"아까 아빠가 고통의 종류를 얘기할 때 그 생각이 나더라고."

"선재랑 헤어지는 게 무엇보다 고통스러웠을 거야. 엄마는 세상에서 선재를 가장 사랑했으니까."

아빠가 나를 꼭 안아 주었어요. 나도 아빠를 안았어요. 오늘따라 엄마가 몹시 그립네요. 아빠도 그런 것 같았어요. 이제 우리 부자에겐 진짜 엄마가 필요한 시기가 온 것 같아요.

지병으로 고통 받던 엄마가 아픔에서 벗어난 건 참 다행이란 생각이 들었어요. 하지만 사랑하는 사람과 헤어진 고통은 몸이 아픈 고통보다 더 심한 고통이었을 거란 생각이 들었어요. 그런 생각이 들자 엄마가 불쌍하다는 생각이 들었어요. 코끝이 찡해졌어요. 나는 아빠를 더욱 세게 껴안았어요. 아빠가 오래오래 살았으면 좋겠어요.

"싯다르타가 왜 고통을 없애는 공부를 했는지 조금은 알겠어. 진심으로 세상에 고통이 없으면 좋겠어."

내 말을 들은 아빠가 내 머리에 입을 맞추었어요.

"석가모니는 자기 자신을 잘 관찰해서 고통이 생겨나는 과정과 고통이 없어지는 과정을 볼 수가 있었단다."

나는 아빠를 올려 봤어요. 아빠가 빙그레 웃었어요.

"계속 자기 자신을 들여다보면 자신의 무지와 욕망으로 짓게 된 것이 악업이란 걸 알게 될 거야. 석가모니는 결국 악업이 고통의 원인이란 걸 알게 됐지."

"무슨 말인지 모르겠어. 고통을 만드는 악업은 뭐고, 악업이 무지와 욕망에서 만들어지는 거라니?"

아빠가 미소를 지었어요.

"지나친 욕심과 지금 내가 하는 행동이나 일들이 잘못인 줄 모른다면 좋은 결과를 낼 수 없겠지."

나는 고개를 끄덕였어요.

"그렇게 좋지 않은 결과가 계속 쌓이다 보면 결국 좋지 않은 결과물 때문에 고통을 받기 마련이란다."

나는 천천히 고개를 끄덕였어요.

"세상에 성인들은 태어나기로 결정지어진 거야? 아무리 싯다르타가 몇 년 동안 공부를 했다고 해도 어떻게 인간도, 신도 아닌 상태가 될 수 있어? 신기해, 신기해."

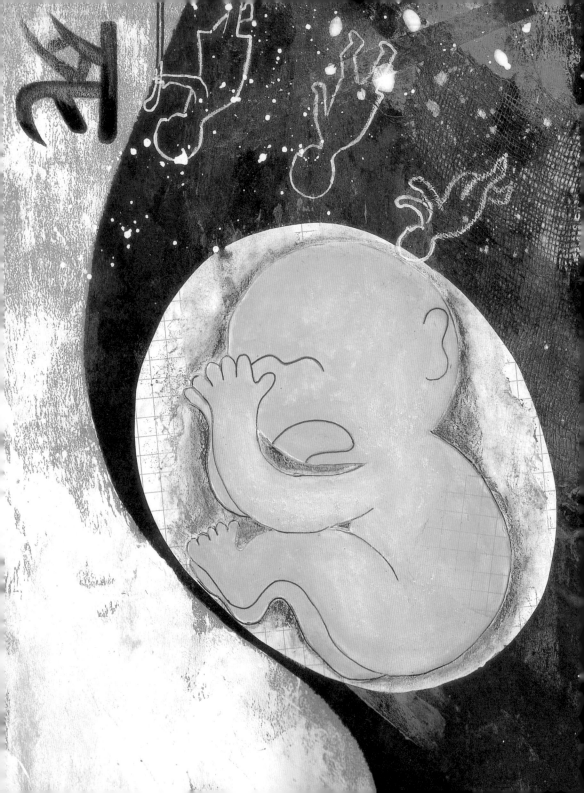

"갑자기 선재가 철학자로 보이는걸? 성인이 이 세상에 태어난 건 다 전생의 인연 아니겠니?"

"전생의 인연?"

"불교에서는 내가 태어나기 전의 세상, 지금 내가 살고 있는 세상, 그리고 내 미래의 세상에 대해서 말하는데 전생은 내가 태어나기 전의 세상을 말해."

나는 고개를 갸웃거렸어요.

"지금 우리가 이렇게 살면서 슬프고 기쁜 것은 다 전생에 내가 한 일이 원인이 되어 생긴 결과라는 말을 하지."

"아니, 그렇게 말하면 싯다르타는 전생에 얼마나 많은 공부를 했기에 붓다가 된 거야? 붓다의 전생도 있어?"

아빠가 미소를 지으며 나를 보았어요.

"그럼, 누구에게나 전생이란 건 있단다."

나는 호수같이 맑은 아빠의 눈동자를 바라보았어요. 마치 아빠의 눈동자를 통해 나의 전생을 엿보기라도 하려는 듯이.

"아빠는 전생에 뭐였을 것 같아?"

"글쎄, 뭐였을까?"

아빠가 미소를 지으며 자리에서 일어났어요. 나는 전생에 뭐였을까? 남자? 여자? 착한 사람? 나쁜 사람? 아니면 개나 호랑이?
나는 고개를 절레절레 흔들었어요. 하지만 아빠가 말한 '고통'과
'전생'은 좀처럼 머릿속에서 떠나지 않았어요.

붓다는 누구인가

석가모니 붓다의 해탈을 이해하기 위해서는 먼저 붓다에 대해 알아야 하지요. 붓다는 인도 북부에 있는 카필라 국에서 태어난 인물입니다. 그는 자기와의 싸움에서 승리하여 붓다가 된 사람이지요. 그런데 우리는 이러한 붓다를 절에서 볼 수 있는 불상으로만 생각하여 인간이 아니라고 여길 때가 있지요. 하지만 그는 인간의 근원적인 고통에서 벗어난 사람이었습니다.

그는 어려서부터 생명체의 변화에 대해 관심이 많았지요. 농부가 쟁기로 땅을 갈 때 쟁기 날에 몸체가 찍힌 지렁이 한 마리가 나왔습니다. 그런데 어느 순간 참새 한 마리가 잽싸게 날아와 지렁이를 물고 날아갔어요. 하지만 지렁이를 물고 가던 참새도 잠시 뒤에 사냥꾼이 쏜 화살에 맞아 땅 위에 떨어져 죽었지요. 싯다르타는 깜짝 놀라며 가슴이 아팠어요.

내가 삶의 의지가 있는 것처럼 모든 생명체는 누구나 살려는 의지가

있는데 저 지렁이와 참새는 왜 죽어야만 하는가 하고 말이에요. 살아 있는 생명체들에 대해 우리는 매우 소홀하게 생각하고 있지는 않나요. 인간 중심의 사고방식은 인간 이외의 생명체에 대해 경시하는 태도를 지니게 합니다. 모든 생명체가 인간을 위해 존재한다고 생각하면서 말이에요.

하지만 그렇게 생각하면 큰일 납니다. 나도 언젠가는 다른 생명체들에게 대상화될 수 있다는 생각을 해야 하기 때문이지요. '잡초는 없다'는 말처럼 생명에는 차별이 없는 것입니다. 너나 나나 모두 '숨을 쉬며 살아 있다'는 점과 '실체가 아니다'라는 점에서 우리는 평등하기 때문이지요. '살아 있음'은 고귀한 존재라는 것을 의미합니다. 그런 의미에서 우리 모두는 특별한 존재입니다. 싯다르타는 태어날 때부터 '모든 존재의 존귀함'에 대해 선언했지요. 개인이 지니고 있는 존엄성에 대해서요.

자신의 존엄성은 스스로 인식해야 합니다. 누구누구와 다른 나만의 존엄성 말이에요. 물론 그렇다고 해서 다른 무엇을 무시하거나 부정했을 때 내가 존재하는 것은 아닙니다. 내가 존귀하듯이 남도 나와 같이 똑같이 존귀하기 때문이지요. 붓다의 탄생에서 보이는 것은 인간의 존엄성과 생명의 고귀함입니다. 인간은 누구나 평등한 존재임에도 불구하고 국가와 사회의 여러 제도에 의해 차별 속에서 살고 있습니다.

붓다의 선언은 인권의 선언이자 생명권의 반포입니다. '하늘 위 하늘 아래 오직 나만이 홀로 존귀하다'는 이 선언은 신분제인 카스트 제도와 같은 인간 불평등 구조에 대한 통렬한 비판이기도 한 것입니다. 생명 앞에서는 만인이 평등합니다. 마치 아이를 낳은 어머니에게 비춰지는 것처럼 모든 생명체는 모두 평등한 존재입니다. 바로 이러한 선언이 붓다의 탄생게입니다.

민주주의나 각 나라의 헌법에 나타난 평등권처럼 모든 생명체의 존엄과 평등을 외친 싯다르타의 탄생게는 오늘날에도 여전히 빛을 발하고 있지요. 그는 바라문의 통치 이념인 카스트제도의 불합리성을 비판하며 모든 생명체의 존엄성을 주창했습니다. 나아가 그것을 몸소 실현하기 위해 출가하였고 끝내 자기와의 싸움에서 승리하여 인류사에서 가장 매력적인 인간이 된 것이지요.

괴로움은
어떻게 생겨난 것인가

1. 의심의 울타리
2. 나는 지난날에 네가 한 일을 알고 있다?
3. 있다가도 없고, 없다가도 있고
4. 엄마, 미안해요, 그리고 사랑해요

 의심을 하는 습관보다 더 두려운 것은 없다. 의심은 사람들을 분리시킨다. 우정을 파괴시키는 독이고, 행복한 관계를 부순다. 이것은 자극하고 상처를 주는 가시이다. 이것은 사람을 죽이는 칼이다.

— 오영환, 《화이트헤드의 유기체 철학》 중에서

1 의심의 울타리

학교에 오자마자 책상에 엎드려 잤어요. '고통'과 '전생' 때문에
잠을 제대로 자지 못했어요. 나는 참 단순한 아이인데다가 머리가
나빠서 잘 잊어버리는데. '고통'과 '전생'은 좀처럼 머릿속을 떠
나지를 않네요. 아, 졸리다.

"해선재! 어디 아파?"

선미가 내 옆을 지나가며 물었어요. 나는 고개만 흔들었습니다.

"너 또 게임하느라 밤 샜지?"

옆 분단에 있는 영택이가 말했어요. 나는 또 고개를 절레절레 저었어요.

"그런데 왜 그래? 무슨 고민 있어?"

영택이가 다가와 물었어요.

"니들이 고통과 전생을 알겠냐. 이 형님이 고통과 전생을 생각하느라 잠을 못 잤다는 거 아냐."

영택이가 피식 콧방귀를 뀌었어요.

"넌 뭐 줄 알아?"

"넌 말해 줘도 몰라. 공부가 인생의 전부가 아니란 말이지. 생로병사의 고통. 그게 바로 삶이야."

나는 짐짓 진지한 투로 말했어요. 내 말에 영택이가 큰 소리를 내며 비웃었어요. 니들이 뭘 알겠냐, 이 심오한 뜻을. 나는 연거푸 하품을 해댔어요. 나는 점심시간이 지나고 5교시 체육 시간이 되기 전까지 꾸벅꾸벅 졸았어요.

"해선재! 체육하러 안 나가?"

복도에서 영택이가 부르는 소리에 깜짝 놀랐어요.

"빨리 나와!"

영택이가 운동장에서 또 나를 불렀어요. 나는 잽싸게 복도 모퉁이를 돌아가다가 지나가는 누군가와 세게 부딪쳤어요. 나와 부딪친 아이는 반대편으로 서둘러 걸어갔어요. 뭐야, 부딪쳤으면 미안하다고 해야지. 나는 살짝 뒤를 돌아왔어요. 아직 잠이 덜 깨서 그런지, 뒷모습만 봐서는 누군지 알 수 없었어요. 절뚝거리며 걸어가는 모습밖에요.

나는 너무 졸려서 체육 시간에 운동도 제대로 못했어요. 우리는 인원을 반반 나눠서 음료수 내기 축구 경기를 했어요. 결국 우리 팀은 골키퍼인 내가 하품만 하는 바람에 공을 막지 못해 지고 말았어요. 나는 우리 팀 친구들한테 죽어라 욕을 먹었어요. 친구들이 음료수 값을 모두 나보고 내래요. 내 실수로 진 경기라서 할 말이 없었어요.

"음료수 사게 돈 걷어."

교실로 들어오자 영택이가 우리 팀 애들한테 말했어요. 나는 돈을 꺼내려고 가방을 뒤졌어요. 어? 그런데 이게 어찌된 일일까요? 지갑이 없어졌어요.

"어? 지갑이 없어."

"나도."

여기저기서 지갑이 없어졌다고 난리가 났어요. 나는 책상 서랍

과 가방 안을 찬찬히 살폈어요. 오, 맙소사! 내 게임기!

"내 게임기, 게임기가 없어졌어!"

"뭐라고? 잘 찾아 봐."

영택이가 잽싸게 내 자리로 와서 게임기를 찾아보았어요. 하지만 게임기는 보이지 않았어요. 눈앞이 노랬어요. 나는 의자에 털썩 주저앉고 말았어요.

"내 게임기, 그걸 사려고 두 달 치 용돈을 고스란히 바쳤는데. 누가 내 게임기 못 봤어?"

도둑은 우리 반 아이들의 돈과 내 게임기를 훔쳐 갔어요.

"도대체 어떤 놈인지 잡히면 죽었어!"

나는 씩씩거렸어요. 너무 화가 나서 어찌할 바를 몰랐어요.

"도대체 누구야? 빨리 자수해서 광명 찾자!"

"좋은 말로 할 때 내 게임기 갖다 놔라."

"돈은 필요 없고 내 지갑만이라도 돌려줘! 그 지갑은 선물 받은 거야."

우리들은 저마다 보이지 않는 도둑에게 소리쳤어요.

"참, 선재야. 너 자느라고 교실에서 늦게 나왔잖아. 그때 마지막까지 교실에 있던 사람이 누군지 기억 안 나?"

영택이가 나를 보고 말했어요. 영택이의 말에 친구들이 모두 궁금하다는 듯이 나를 봤어요.

"어? 나는……."

"잘 생각해 봐."

선미가 재촉했어요. 나는 눈을 감고 곰곰이 생각했어요.

"누가 있었던 것 같기도 하고, 아닌 것 같기도 하고. 하지만 내가 나가고 주번이 문을 잠갔으니 걔가 더 잘 알지 않을까?"

이번에는 친구들이 주번을 쳐다봤어요.

"뭐야? 해선재! 지금 나를 의심하는 거야?"

주번이 발끈 화를 냈어요.

"아니, 아니야. 난 그냥 네가 문을 잠갔을 거란 얘기지."

나는 손을 내저으며 말했어요. 나의 말에 친구들이 고개를 끄덕였어요.

"화만 낼 게 아니라 잘 생각해 봐. 마지막까지 남아 있던 사람이 누군지."

미선이가 주번을 보고 차분하게 말했어요.

"마지막에 나갔던 사람은……."

우리는 침을 꿀꺽 삼키며 주번을 뚫어지게 봤어요.

"바로 해선재야."

주변의 말에 친구들이 이상한 눈빛으로 나를 봤어요. 나는 주변의 지목을 받자 어찌할 바를 몰랐어요. 주변의 눈빛은 마치 '네가 도둑놈이야!' 라고 말하는 것처럼 느껴졌어요.

"뭐야? 지금 너희들의 눈빛은? 범인이 나란 말이야? 난 아니야. 자다가 영택이가 부르는 소리에 벌떡 일어나서 나간 죄밖에 없어."

나는 정말 억울했어요.

"아니, 내가 왜 내 게임기를 숨기고 잃어버렸다고 하겠어?"

나는 미선이와 영택이를 보면서 억울함을 말했어요.

"우리 같이 범인을 찾아보자."

미선이가 말했어요. 영택이도 미선이의 말에 고개를 끄덕였어요. 역시 힘들 땐 친구밖에 없구나. 나는 미선이와 영택이가 정말 고마웠어요.

선생님이 교실에 들어와서 소지품 검사를 했어요. 하지만 나의 게임기도 사라진 친구들의 돈도 모두 나타나지 않았어요. 선생님이 무서운 표정으로 우리를 봤어요. 우리는 선생님의 무서운 표정에 고개를 들 수도, 숨을 쉴 수도 없었어요.

"진짜 우리 반에 범인이 있다면 선생님은 그 사람한테 정말 실망할 것이다. 돈이 필요하고 게임기가 갖고 싶으면 선생님한테 내일까지 말해라. 핸드폰 문자로 남겨도 좋고 책상에 쪽지를 남겨도 좋다. 물론 이름을 쓰지 않아도 좋다."

우리는 주위를 두리번거렸어요. 선생님도 말없이 우리들을 바라보았어요.

"이번 일로 반 친구들끼리 의심하지 않았으면 좋겠다."

선생님은 무거운 발걸음으로 교실을 나갔어요. 우리는 물건이 없어진 순간부터 서로를 의심하기 시작했어요. 특히 나와 주변은 범인이 나타날 때까지 의심의 울타리에서 벗어날 수 없었어요.

2 나는 지난날에 네가 한 일을 알고 있다?

미선이, 영택이와 함께 우리 집으로 왔어요. 내가 하지도 않은 일 때문에 의심을 받다니 정말 속상하고 화가 났어요.

"어머, 삼총사가 어쩐 일이야? 같이 해야 하는 수행 평가가 있나?"

이모가 우리를 보고 말했어요. 우리 셋은 고개를 절레절레 저었어요.

"그럼?"

이모가 무슨 일이냐는 듯이 우리 얼굴을 뚫어지게 쳐다봤어요.

"선재가 게임기를 도둑맞았어요."

영택이가 말했어요.

"어쩌다가? 잘 간수하지 않고."

할머니가 걱정을 했어요. 하지만 이모는 반응이 달랐어요.

"뭐? 그 비싼 걸. 잘 한다. 그러게 그런 걸 왜 학교에 가지고 다니면서 자랑을 해? 그게 다 자업자득이야. 오죽 자랑을 했으면 다른 친구가 도둑질을 했을까! 너한테도 책임이 있어."

이모가 냉정하게 말했어요. 이모 말이 틀린 건 아니지만 지금 같은 상황에서 그런 얘기를 들으니 더욱 화가 났어요.

"이모는 지금 불난 집에 부채질해?"

나는 버럭 화를 냈어요. 그리고 선미와 영택이를 데리고 얼른 내 방으로 들어왔어요.

"아예, 불난 집에 기름을 부어라, 부어! 찾을 방법을 알려 주지는 않고 놀리기만 하고."

나는 침대에 걸터앉아 계속 씩씩댔어요.

"선재야, 아까도 말했지만 잘 생각해 봐. 누군가 분명히 들어온 애가 있을 거야. 잠결에 뭐 들은 거 없어?"

영택이가 탐정가처럼 질문했어요. 나는 고개를 흔들었어요.

"주번은 네가 제일 늦게 나갔다고 했잖아. 주번은 네가 교실을 나갈 때까지 계속 교실에 있었을까? 아니면 자리를 잠시 비웠다가 문을 잠그러 다시 교실로 돌아왔을지도 모르지."

미선이의 말에 우리는 고개를 끄덕였어요.

"어쩌면 공범이 있을지도 몰라."

영택이가 제법 심각하게 말했어요. 영택이의 말에 미선이와 나는 영택이를 바라봤어요.

"그럼 네 말은 주번도 역시 범인?"

나는 조심스럽게 말했어요.

"그런 말은 조심해야 해. 증거도 없이 주번을 범인으로 모는 건 조금 위험해."

미선이가 말했어요.

"그렇지. 증거, 증거가 없지."

영택이가 풀이 죽어 말했어요.

"다시 정리해 보자. 선재가 교실에서 자고 있었고, 주번은 마지막에 문을 잠갔고, 물건은 없어지고. 물건이 없어지려면 언제 없어져야 할까?"

미선이가 말했어요.

"그야 물론 문이 잠기기 전이지."

나와 영택이가 동시에 말했어요.

"빙고!"

미선이가 손가락을 튕기며 말했어요.

"그걸 누가 몰라."

영택이가 실망이라는 듯이 말했어요. 우리 셋은 팔짱을 끼고 잠시 생각에 잠겼어요. 그 때 아빠가 방문을 열고 들어왔어요.

"어때? 탐정 놀이는 잘 되고 있나? 이거 먹으면서 생각해라."

아빠가 책상에 귤을 올려놓았어요. 아빠는 사건의 전말을 알고 싶어 하는 눈치였어요.

"지금 너희들 모습이 완전 고통의 늪에서 허우적거리고 있는 것 같은데."

"맞아, 아빠. 고통 그 자체야."

나는 시무룩하게 말했어요.

"좀 더 행동을 조심하고 말을 조심했더라면 이런 일은 생기지 않았겠지."

아빠가 말했어요.

"내가 이렇게 고통스러운 건 나의 말과 행동 때문이란 거야?"

나는 이해할 수 없었어요. 내가 고통스러운 건 게임기가 없어서 인데, 왜 아빠는 나의 말과 행동을 나무랄까요?

"선재가 잘못한 건 없는데요. 자다가 운동장에 간 것밖에 없는 데요."

영택이가 말했어요.

"지금은 게임기가 없어진 것이 속상해서 예전 선재의 행동은 잘 생각나지 않을 거야. 아빠 생각에는 그동안 선재의 행동과 말이 어떤 아이로 하여금 게임기를 가져가게 했을 것 같아."

나는 아빠의 말을 곰곰이 생각해 봤어요.

"난 그런 적이 없는 것 같은데."

나는 아무리 생각해 봐도 나의 잘못을 알 수 없었어요. 친구들 이 게임기를 빌려 달라고 하면 다 빌려 줬는데. 그리고 나는 친구 들한테 욕도 안 하는데.

"선재는 학교에서 정말 착해요."

미선이도 나의 마음을 위로해 주려고 했어요.

"지금 당장은 생각이 나지 않더라도 아마 어떤 친구를 서운하게 한 적이 있을 거야."

아빠는 마치 과거의 내 모습을 꿰뚫고 있는 듯했어요. 그리고 범인이 누군지도 알고 있는 듯했어요.

"아빠는 범인이 누군지 알아?"

"당연히, 아빠는 모르지. 하지만 그건 알지."

"뭐요?"

우리는 아빠를 뚫어지게 보았어요.

"확실한 증거 없이 다른 사람을 의심하면 안 된다는 거."

"에이, 아빠. 그건 우리도 다 알아."

우리는 힘이 쭉 빠졌어요.

"내 게임기는 누가 가지고 간 거야? 내 게임기 돌려줘! 내 손에 걸리면 죽었어!"

3 있다가도 없고, 없다가도 있고

우리 셋은 아무런 결론도 내지 못하고 헤어졌어요. 밥맛도 없고, 잠도 안 오고. 아무런 의욕도 나지 않았어요. 이모는 게임기가 없어진 건 앞으로 공부를 더 열심히 하라는 신의 계시로 받아들이라고 했어요.

하지만 나는 이모의 말처럼 쉽게 되지 않았어요. 산 지 한 달도 안 된 게임기인데. 그것도 내 두 달 치 용돈이 그대로 들어간…… 친구들 시켜 주느라고 정작 난 제대로 해 보지도 못했었는데. 눈앞에 게임기가 둥둥 떠다녔어요.

"아, 내 게임기!"

나는 게임기를 생각할수록 점점 얼굴이 붉어지고 가슴이 답답해졌어요. 두 주먹으로 이불을 탁탁 쳤어요. 그 때 방문이 삐걱 열렸어요.

"해선재, 이불이 무슨 잘못이 있다고 이불한테 괜한 화풀이를 하나?"

아빠가 들어왔어요.

"아빠, 정말 미치겠어. 생각하면 생각할수록 더 화가 나."

나는 씩씩거리며 말했어요.

"모르긴 몰라도 너보다 네 게임기를 가지고 있는 애가 더 고통스러울걸."

"말도 안 돼!"

나는 버럭 소리쳤어요.

"내가 피해자인데, 어떻게 도둑놈이 더 고통스러워?"

"네가 고통스러운 건 네 게임기에 집착하고 있기 때문이야. 그리고 없어졌다고 화를 내니까 고통스러운 거지."

"물건이 없어졌는데 화가 안 나? 아빠도 아빠가 아끼는 물건이

없어졌음 나보다 더 펄쩍 뛰었을 거야. 왜 도둑놈이 고통스러운지 모르겠어."

"넌 상대를 모르지만 상대는 널 알잖아. 지나칠 때마다 네가 자신을 알아볼까 봐 얼마나 가슴이 조마조마하겠니. 자신이 싫어하는 사람을 만나거나 싫은 상황에 처하는 것도 고통스러운 거야."

나는 아빠의 말에 계속 씩씩댔어요.

"해선재, 너도 성적표 나오는 날은 피하고 싶잖아."

"그건 그렇지만."

나는 시무룩하게 말했어요.

"세상에 영원한 건 없단다. 있다가도 없고, 없다가도 있는 거지. 어쩌면 네 게임기와의 인연이 여기까지가 아니었을까? 여기까지라고 생각하면 마음이 좀 편할 거다."

아빠의 말은 속이 상한 나에게 전혀 위로가 되지 않았어요. 내가 그 게임기를 어떻게 산 건데. 한 달 만에 인연이 끊어지다니. 억울해, 억울해. 그건 말도 안 돼! 아빠의 말을 생각하니 점점 더 화가 났어요. 나는 거칠게 숨을 몰아쉬었어요.

"자, 일어나서 아빠 옆에 앉아 봐."

아빠가 내 양손을 잡아끌었어요. 아빠는 바닥에 양반 다리를 하고 앉았어요. 나도 침대 밑으로 내려와 아빠처럼 양반 다리를 하고 앉았어요.

"양손을 이렇게 배꼽 밑에 모으고 숨을 들이마시는 거야. 코로 숨을 마시고 마신 숨은 아랫배로 보내는 거지. 그리고 내쉴 때는 아랫배에 힘을 주고 입으로 천천히 숨을 뱉는 거야. 한번 해 볼까?"

아빠는 배꼽 밑에 양손을 모았어요. 그리고 코로 천천히 숨을 들이마셨어요. 아빠는 숨을 조금 참더니 다시 입으로 천천히 숨을 내쉬었어요. 아빠를 따라서 숨을 쉬려고 했지만 쉽지 않았어요. 특히 천천히 숨을 들이마시고 내쉬는 것은 정말 힘들었어요. 금방 '푸, 푸' 숨이 터졌어요.

"숨을 쉴 때는 숨을 쉬는 행위에만 온 신경을 집중시켜 봐라. 시선을 바닥에 두고 내가 숨을 쉬고 있는 모습을 살펴라."

"너무 어려워. 그냥 막 쉬면 안 되나? 꼭 이렇게 숨을 쉬어야 해?"

"이 방법이 내 안의 화를 다스리는 가장 쉬운 방법이야. 네가 숨에 집중을 하고 있는 동안에는 게임기는 전혀 생각이 나지 않을 거야."

아빠는 나에게 말하는 동안에도 동작이 흐트러지지 않았어요.

"아빠, 나 이렇게 도 닦다가 부처가 되겠어."

나는 시큰둥하게 말했어요.

"아직 3분도 지나지 않았는데? 3분 명상하고 부처되면 세상 사람 반 이상이 부처겠다."

다리가 저려 오기 시작했어요. 꼿꼿이 세운 허리도 불편했어요. 들숨과 날숨의 속도는 좀처럼 늦춰지지 않았어요. 몸이 왼쪽, 오른쪽으로 조금씩 흔들렸어요. 눈꺼풀도 무겁고요. 아무나 도를 닦는 게 아니구나. 나는 빨리 침대에 눕고 싶었어요.

"어때?"

"이건 또 다른 고통이야. 명상하는 게 이렇게 고통스러워서야! 사람들이 왜 명상을 안 하는지 알겠어."

나는 몸은 좌우로 흔들며 투덜거렸어요.

"이 정도는 태어나는 고통에 비하면 아무것도 아니지."

"태어나는 고통? 태어나는 게 왜 고통이야?"

나는 의아했어요.

"지금은 네가 엄마 배 속에 있었을 때 일은 하나도 기억 못하지?"

"당연하지. 어제 공부한 것도 기억하지 못하는데, 13년 전 엄마 배 속을 어떻게 기억하겠어."

"우리가 배 속에 있을 때 뭘 먹고 살지?"

"당연히 엄마가 먹은 음식물을 탯줄로 받아서 먹잖아."

"생각해 봐. 지금 내가 씹던 음식물을 영양가가 많으니 너한테 먹으라고 하면 먹겠니?"

"우웩. 아빠는! 그걸 어떻게 먹어. 더럽게."

아빠가 빙긋 웃었어요.

"하지만 넌 그 더럽다는 음식을 열 달 동안 탯줄을 통해 받아먹었는걸."

"그러네."

나는 순순히 고개를 끄덕였어요.

"또 엄마의 오줌통 옆에서 지린내를 맡으며 열 달 동안 자란다는 사실."

"으, 정말?"

나는 몸서리를 쳤어요. 말도 안 돼. 어떻게 내가 오줌통 옆에서 열 달씩이나 있었단 말이야.

"오줌통만 있게? 엄마의 똥통 옆에서 암모니아 가스를 맡으면서 자랐지."

　아빠가 나를 보고 히히 웃었어요.

　"으아! 아빠, 그만해. 토할 것 같아."

　"그런 건 별것 아니야. 그보다 가장 심한 고통은 엄마의 좁은 골반 사이에서 머리가 깨지는 고통을 느끼며 태어난다는 사실이지. 물론 지금은 그 고통이 하나도 생각나지 않겠지만."

4 엄마, 미안해요, 그리고 사랑해요

아빠의 목소리가 잔잔해졌어요. 나는 미간을 찌푸리며 아빠의 말을 곰곰이 생각했어요. 아기가 나올 때는 엄마만 아픈 게 아니고 아기도 아픈 거구나. 인간은 태어날 때부터 극심한 고통을 겪으며 태어나는구나. 나는 13년 전 엄마의 배 속을 떠올리려고 했지만 전혀 떠오르지 않았어요.

엄마와 아기가 동시에 같은 고통을 느낀다는 사실이 놀라웠어요. 나는 책상 위에 있는 엄마 사진을 봤어요. 갑자기 나로 인해 고통을 느꼈을 엄마를 생각하니 미안하다는 생각이 들었어요. 내 마음 속에서 뭔가 이상한 기분이 소용돌이쳤어요.

"우리는 태어나는 순간부터 죽음을 향해 걸어가는 거란다."

나는 아빠를 올려다봤어요. 아빠도 책상 위의 엄마를 보고 있었어요.

"그럼 사람이 죽기 위해 사는 건데. 그렇게 생각하면 사람들이 하루하루를 그토록 열심히 살 필요가 없잖아. 어차피 죽을 거라고 생각하면."

"사람이 죽는다는 건 피할 수 없는 일이지. 하지만 그렇다고 삶을 흥청망청 살라는 뜻이 아니야. 오히려 정반대지. 한 번밖에 살 수 없으니 집착하지 말고 너그러운 마음으로 세상을 살아야 하지 않을까?"

아빠가 나를 내려다봤어요. 아빠의 목소리는 부드러웠어요. 아빠의 깊고 맑은 눈동자가 나를 보고 웃었어요.

"죽음을 향해 늙어 가는 고통은 어쩔 수 없단다. 슬프게도 우리는 늙어 가는 걸 막을 수 없잖니."

"또 죽음을 향해 병들어 가는 고통도 어쩔 수 없고요."

나는 시무룩하게 말했어요. 아빠가 나의 머리를 쓰다듬었어요.

엄마의 짧은 인생이 불쌍하다는 생각이 들었어요. 엄마는 왜 나랑 좀 더 오래 있지 않고 빨리 헤어져야 했을까요?

"죽어 가는 고통도 어쩔 수 없고요."

나는 책상 위의 엄마를 물끄러미 바라보았어요. 코끝이 찡했어요. 그리고 눈물이 핑 돌았어요.

"사랑하는 사람과 헤어져야 하는 고통도 마음에 안 들어."

나는 단호하게 말했어요.

"아무리 엄마를 만나고 싶어도 만날 수 없는 고통도 싫어."

이렇게 말하고 나니 엄마를 보고 싶은 마음이 물밀 듯이 밀려왔어요. 눈물이 바지 위로 똑똑 떨어졌어요. 그리고 가슴에서 뭔가 울컥 치밀어 올랐어요. 왜 지금까지 잘 참고 있었던 게 밀물처럼 몰려오는지 모르겠어요. 어렸을 적에도 엄마가 없다고 떼 한 번 쓰지 않던 내가, 왜?

나는 고개를 푹 숙였어요. 한 번 터진 눈물은 쉽게 멈추지 않았어요. 아빠가 어깨를 토닥거려 주었어요. 나는 두 손으로 바지를 꽉 움켜잡았어요. 나도 나를 낳아 준 엄마와 함께 살았으면 좋겠어요.

"아빠, 나도 엄마가 있었으면 좋겠어."

내 어깨를 잡은 아빠의 손에 힘이 들어갔어요. 나는 다시 허리를 꼿꼿이 세웠어요. 그리고 아빠가 가르쳐 준 호흡법에 맞춰 숨을 쉬려고 애썼어요. 들이마시고, 내쉬고. 들이마시고, 내쉬고.

엄마가 나와 헤어진 건 내 잘못이 아니란 걸 알아요. 들이마시고, 내쉬고……. 하지만 자꾸만 엄마한테 미안한 생각이 들었어요. 들이마시고, 내쉬고……. 꿈에서라도 엄마를 만난다면 진심으로 사과하고 싶어요. 들이마시고, 내쉬고……. 그리고 정말 엄마가 많이 보고 싶다고. 들이마시고, 내쉬고……. 엄마를 사랑한다고. 들이마시고, 내쉬고……. 휴!

아빠의 말대로 호흡을 하는 동안 어느새 눈물이 멈추었어요. 그리고 숨도 고르게 되었지요. 아빠 말대로 게임기는 내 머리 속에서 사라진 지 오래였어요. 아빠 말대로 인연이 있으면 새 게임기가 또 나타나겠지요.

그날 밤 아빠와 나는 내 침대에서 함께 잤어요. 또 그날 밤 처음으로 엄마 꿈을 꿨어요. 꿈속으로 찾아온 엄마는 사진 속의 엄마보다 백배는 더 아름다웠어요. 나는 엄마를 놓칠세라 엄마의 손을 꼭 잡았어요. 엄마도 나를 놓칠세라 내 손을 꼭 잡았어요. 나는 엄마 아빠의 손을 잡고 푸른 들판을 마구 뛰어다녔어요.

엄마는 아빠와 나를 들판 위에 있는 예쁘고 아담한 집으로 안내했어요. 집 안에서는 향긋하고 달콤한 향기가 났어요. 나는 향긋한 집안 냄새를 킁킁 맡았어요. 엄마가 소개할 사람이 있다고 말한 후 현관문을 열었어요.

엄마가 현관문을 열자 지혜 아줌마가 활짝 웃고 있었어요. 아줌마는 정말 예뻤어요. 아줌마의 모습을 본 나는 당황스럽지도, 싫지도 않았어요. 엄마와 아빠, 지혜 아줌마, 그리고 나는 서로를 보며 환하게 웃었어요.

수행하는 지혜

　수행은 몸과 마음의 변화를 꾀하는 노력입니다. 탐내고 성내고 어리석은 행위로부터 벗어나 자신을 온화하고 지혜로워지게 하는 것입니다. 그렇다면 어떻게 해야 탐냄을 없앨 수 있을까요. 먼저 내가 없다는 것과 나의 것이 없다는 것을 알고 소유물을 놓아야 합니다. 우리는 눈에 보이는 사물과 세계에 붙잡혀 삽니다. 때문에 그것을 사고 싶고, 갖고 싶고, 보고 싶고, 먹고 싶어 합니다. 그런데 우리가 붙잡혀 있는 것은 그것들을 규정하고 있는 이름과 형상에 붙잡혀 사는 것입니다. 그리고 이렇게 붙들려 사는 것이 우리의 일상입니다.

　불교에서는 이렇게 붙들려 사는 것으로부터 벗어나기 위해서 사물의 본질에 대해 통찰하는 길을 제시했습니다. 그 길은 우리 눈앞의 모든 존재는 순간순간 생하고 멸한다는 사실을 자각하는 것입니다. 순간순간 생하고 순간순간 멸한다면 어느 것도 고정된 것이 아니겠지요. 고정된 것이 없다는 이 생각이 바로 변화에 대한 온전한 자각입니다. 그리하여 몸도 마음도 실체가 아니라는 생각에 이르게 될 때 깨달음을 얻게 됩니다. 우리가 느끼는 고통은 모두 이들이 실체라는 잘못된 인식으로부터 비롯된 것입니다.

석가모니 붓다는 우리에게 모두를 놓아 버리라고 말합니다. 이름도 놓아 버리고 모양도 놓아 버리라고 말입니다. 놓는 방법은 모든 것을 버리고 떠나라는 뜻이 아니라 직립 이후 인간이 붙들린 언어 분별로부터 자유로워지라는 의미입니다. 다시 말해서 어떠한 선입견과 잘못된 정보로부터 벗어나 살라는 것이지요. 우리가 아는 것들은 모두 정보들입니다. 때문에 모든 정보는 언어에 의해 규정된 것입니다. 언어에 의해 규정된 이름과 형상으로부터 자유로워진 것이 만족을 아는 삶입니다.

성냄이란 우리의 욕망이 성취되지 않을 때 일어나는 분노입니다. 이러한 분노의 불은 자비의 물로 꺼야 합니다. 이 분노가 원인과 조건에 의해 생겨난 결과라는 사실을 자각하게 된다면 우리들의 욕망은 줄어들게 될 것입니다. 욕망이 사라지게 되면 성냄도 사라지게 됩니다. 어리석음이란 있는 그대로 보지 못하는 것입니다. 우리가 사물이 생겨난 원인

과 조건과 결과를 온전히 파악하면 어리석음에서 벗어날 수 있게 됩니다. 어리석음은 스위치를 켰을 때 사라지는 어둠과 같은 것입니다. 어둠이 사라진 상태가 곧 지혜입니다.

괴로움이 사라진
뒤에는 어떻게 되는가

1. 범인의 정체는?
2. 새하얀 게임기
3. 마음먹은 대로

 분노는 분노에 의해 멈추지 않는다, 하지만 사랑에 의해서 멈춘
다. 이것은 영원한 규칙이다.

— 석가모니

1 범인의 정체는?

엄마 꿈을 꿔서 그런지 기분이 몹시 좋았어요. 나는 창문을 활짝 열고 호흡을 깊이 들이마셨어요. 겨울비에 그동안 쌓였던 먼지가 말끔히 청소된 기분이었어요. 콧노래가 절로 나와 아침부터 흥얼흥얼거렸어요.

"해선재, 게임기 잃어버린 충격이 아직도 가시지 않은 거야?"

이모가 걱정스럽다는 듯이 물었어요.

"왜? 선재한테 무슨 일이 있어?"

할머니가 상을 차리다 나를 봤어요.

"별일 아니에요."

나는 대수롭지 않게 대답했어요. 이모가 의외라는 듯이 나를 봤어요.

"대수롭지 않다니? 간밤에 무슨 일 있었냐? 너, 어제까지만 해도 게임기 없어졌다고 길길이 날뛰었잖아."

"그 게임기랑은 인연이 여기까지야."

나는 아무렇지도 않은 듯 말했어요. 그리고 아빠를 보며 윙크했어요.

"뭐야? 둘이 무슨 일이 있었던 거야?"

이모가 계속 무슨 일이냐고 다그쳤어요.

"또 형부가 새 게임기 사 준다고 약속을 했나 보군. 애 버릇 나빠지게."

"이모, 명상 좋더라. 이모도 명상 좀 해 봐. 명상을 하면 사람이 달라진대. 이모한테 꼭 필요한 것 같아. 그래야 남자 친구가 생기고 연애도 하지."

이모는 내 말에 입을 씰룩거렸어요.

"이모는 한참 멀고도 멀었다."

아빠가 장난스럽게 말했어요. 나는 아빠의 말에 고개를 끄덕였어요. 이모가 가자미눈으로 우리를 쳐다보았어요.

"난 이제 게임기보다 더 갖고 싶은 게 생겼어."

그건 엄마예요. 하지만 식구들에게 말하지는 않았어요. 아직은 알릴 때가 아닌 것 같았거든요.

내 말에 할머니, 아빠, 이모가 궁금하다는 표정을 지었어요. 엄마 꿈을 꾸고 났더니 정확히 어떤 감정인지 알 수 없지만 마음이 풀리는 걸 느꼈어요. 이제 나도 엄마가 필요하다고 말할 때가 왔다는 걸 알았어요.

"뭔데?"

이모가 물었어요.

"아직은 비밀이야."

"조그만 게 비밀은⋯⋯. 됐다, 됐어. 이번엔 또 몇 달치 용돈을 모아서 살려고 비밀이라나."

이모는 쯧쯧 혀를 찼어요. 나는 이모의 반응에 아랑곳하지 않았어요. 기대하시라. 나의 비밀을 공개하는 순간 우리 가족은 깜짝 놀랄 거예요. 특히 아빠가요. 히히히. 그 비밀만 생각해도 나의 가슴은 마구 벅차올라요.

학교에 도착하니 미선이와 영택이는 이미 교실에 와서 탐정 놀이를 하고 있었어요.

"우리가 알아낸 사실을 한번 들어 볼래?"

미선이가 메모지를 펼치며 단호한 표정을 지었어요.

"주번한테 어제 문을 잠그기 전에 교실을 비운 적 있었냐고 물었더니 그랬대."

"그래서 그 사이 교실에 왔던 애를 주번이 봤대?"

내가 책을 정리하며 물었어요.

"응."

미선이와 영택이가 동시에 대답했어요. 나는 미선이와 영택이를 올려다봤어요.

"누구?"

그러자 미선이와 영택이는 조용히 일 분단 맨 앞자리에 있는 지훈이를 손가락으로 가리켰어요. 지훈이는 책상에 엎드려 있었어요. 나는 소리 내지 않고 입만 벙긋거리며 물었어요.

'지훈이?'

그러자 미선이와 영택이가 크게 고개를 끄덕였어요.

'지훈이? 지훈이가 왜?'

나는 또 입만 벙긋거리며 물었어요. 그러자 영택이가 작은 소리로 대답했어요.

'네 게임기!'

나는 책상에 엎드려 있는 지훈이의 뒷모습을 유심히 보았어요.

"아직 확실한 건 아니니까 선생님께서 뭐라고 말씀하시기 전까지는 아무 말도 하지 말자."

나는 진지하게 말했어요.

"너 좀 이상한 거 알아?"

나의 반응에 미선이와 영택이가 이상하다는 듯이 물었어요.

"뭐가?"

"그렇잖아. 어제는 당장이라도 범인을 잡을 것처럼 길길이 날뛰었잖아. 그리고 잡으면 곧 죽일 것처럼 거품 문 거 알아?"

영택이가 고개를 절레절레 흔들며 말했어요.

"그런데 어떻게 하룻밤 사이에 태도가 이렇게 바뀔 수가 있어?"

미선이도 한마디 했어요.

"지훈이는 아니야."

나는 단호하게 말했어요.

"왜 아니라는 거야?"

영택이가 물었어요.

"지훈이는 나보다 일찍 나갔어."

나는 책을 펼쳤어요.

"이상하다. 주번은 네가 나가는 걸 봤다고 했는데. 그리고 문을 잠그러 왔을 때 지훈이가 교실에 있어서 같이 나왔다고 했어."

영택이가 고개를 갸웃갸웃하며 말했어요.

"난 모르겠는데. 아무튼 지훈이가 나보다 먼저 나갔어."

"해선재, 오늘 좀 이상하다. 어제의 해선재가 아니야."

영택이가 의심의 눈초리로 나를 봤어요.

"세상에 영원한 건 없다. 어제의 나와 오늘의 나, 그리고 내일의 나는 순간순간 변하기 마련이야."

나는 짐짓 목소리를 깔고 말했어요.

"어쭈? 철학자 같은 소리를 하네."

영택이가 피식 웃으며 말했어요.

"게임기 인연도 어제까지였던 거지."

나는 책에서 눈을 떼지 않고 말했어요.

"해선재, 이상해. 어젯밤에 무슨 일이 있었던 게 틀림없어."

영택이가 알다가도 모를 일이라며 자리로 돌아갔어요.

"그럼 이제 더 이상 게임기 안 찾을 거야?"

미선이가 물었어요.

"인연이 있으면 나타나겠지."

나는 여전히 책에서 눈을 떼지 않고 말했어요.

"뭐냐, 해선재. 소크라테스 같은 말만 하고."

미선이가 나를 뚫어지게 봤어요. 나는 미선이를 보고 말했어요.

"그건 소크라테스가 한 말이 아니고 석가모니가 한 말이야."

미선이의 눈이 동그래지면서 나를 빤히 쳐다봤어요.

"석가모니든, 소크라테스든 이제 게임기에서 신경 끈다."

미선이도 자리로 돌아갔어요. 지훈이는 여전히 책상에 엎드려 있었어요.

2 새하얀 게임기

나는 어제 일을 곰곰이 생각했어요. 그러다가 영택이가 부르는 소리를 듣고 교실에서 잽싸게 뛰어 나갔어요. 복도 모퉁이를 돌 때 누군가와 부딪쳤어요. 얼굴을 자세히 보지는 못했지만 흘끗 뒤를 돌아봤을 때 순간 눈에 들어온 것은 한쪽 다리를 저는 아이였어요. 그런데 나는 다리 저는 아이가 우리 교실로 들어가는 건 보지 못했어요.

지훈이는 어렸을 적에 소아마비를 앓아서 다리 한 쪽을 절어요.

지훈이는 우리 반에서 있는 듯 없는 듯한 존재에요. 다리 때문인지 성격이 활달하지 않아요. 친구들에게 다가가기 보다는 친구들이 다가가야 해요. 그래서 주로 옆에 있는 짝하고만 얘기를 해요. 나는 항상 지훈이의 뒷모습만 볼 뿐이에요. 그래서 지훈이가 웃는 모습도 잘 보지 못해요.

생각해 보니 우리 반에서 내 게임기를 빌리지 않은 애는 지훈이뿐이라는 생각이 들었어요. 왜 나는 진작 지훈이에게 가서 게임을 해 보라고 권하지 않았을까요? 그렇다고 지훈이가 게임기를 가져갔다는 건 아니에요. 아빠는 증거가 없이 다른 사람을 의심하지 말라고 했어요. 물론 나도 아빠의 말에 동의해요.

나는 지훈이가 입고 있는 빛이 바랜 주황색 잠바를 봤어요. 지훈이보다 훨씬 큰 잠바예요. 지훈이가 천천히 자리에서 일어나 절뚝거리며 교실 앞문으로 걸어 나갔어요. 그 모습은 마치 볼품없는 마대 자루를 뒤집어쓰고 뒤뚱뒤뚱 걸어 나가는 것 같았어요.

나는 복도로 난 창문을 통해 엉성하게 걸어가는 지훈이를 봤어요. 그때 고개를 숙이고 걷던 지훈이가 고개를 들었어요. 나는 지훈이와 눈이 마주쳐 어색한 미소를 지었어요. 지훈이는 금세 고개를 숙이고 절뚝거리며 복도를 지나갔어요.

'이것이 피하고 싶은 상황이나 만나고 싶지 않은 사람을 봐야 하는 고통.'

나는 어제 아빠가 한 말이 생각났어요.

'누군가 벌을 주지 않아도 물건을 가지고 간 사람은 마음이 천근만근 무거울 거야.'

나는 고개를 흔들었어요. 증거도 없이 친구를 의심하다니. 이건 나쁜 짓이야.

하지만 한 번 자리한 의심은 내 마음 속에서 마구 부풀어 부글부글 끓어올랐어요. 나는 고개를 도리질하다가 영택이를 봤어요. 지훈이를 관찰하고 있는 것은 나뿐만이 아니었어요. 영택이도 지훈이를 계속 관찰하고 있었나 봐요.

갑자기 영택이가 자리에서 벌떡 일어나 복도로 잽싸게 뛰쳐나갔어요. 나는 영택이의 갑작스런 행동에 불길한 생각이 들었어요. 그래서 나 역시 영택이 뒤를 따라 나섰어요.

"그것 봐. 아니라고 하지만 너도 지훈이를 의심하고 있지?"

영택이가 자신의 뒤를 쫓는 나를 보고 말했어요. 나는 아무 말도 할 수 없었어요. 어젯밤에 그렇게 명상을 했건만. 그리고 게임기는 이제 나랑 인연이 다 됐다고 생각을 했건만. 영택이와 나는 지훈이를 따라 화장실까지 들어갔어요.

영택이가 손가락으로 뭔가를 가리켰어요. 나는 영택이가 가리킨 곳을 보고 깜짝 놀랐어요. 지훈이의 잠바 주머니 밖으로 삐죽이 나온 하얀 게임기의 모서리를 발견했어요. 가슴이 콩닥콩닥 뛰었어요. 설마 지훈이가?

영택이와 나는 화장실 밖에서 지훈이가 나오길 기다렸어요. 지훈이가 나오자 영택이가 지훈이의 팔을 확 잡아당겼어요. 그 바람에 지훈이는 비틀거리며 넘어질 뻔했어요.

"박지훈! 선재 게임기 가지고 간 사람이 너지?"

내 가슴은 방망이로 두드리는 것처럼 마구 뛰었어요. 지훈이는 깜짝 놀라 나와 영택이를 번갈아 봤어요. 영택이의 목소리에 지나가던 아이들이 무슨 일인가 우리를 둘러싸고 구경했어요. 지훈이의 얼굴이 점점 빨개졌어요.

"나, 나 아니야."

지훈이의 목소리가 몹시 떨렸어요.

"너 맞잖아. 이렇게 증거가 있는데."

영택이는 지훈이의 낡은 잠바 주머니에서 거칠게 게임기를 빼냈어요. 아! 내 게임기! 내 하얀 게임기는 광택을 자랑하며 영택이의 손에 들려 있었어요.

"아, 내 게임기!"

지훈이가 소리쳤어요.

"어떻게 이게 네 게임기냐? 선재 게임기지!"

지훈이는 금방이라도 울음을 터트릴 것 같았어요. 영택이가 새하얀 게임기를 내게 내밀었어요. 나는 유난히도 하얀 빛을 발하는 게임기를 받았어요. 내 손은 몹시 떨렸어요.

"하얘."

"뭐? 하얀 건 당연하지. 네 게임기는 하얗잖아."

영택이가 엉뚱한 소리를 한다며 나를 봤어요. 나는 고개를 천천히 흔들었어요.

"너무 하얘."

영택이는 영문을 모르겠다는 표정을 지었어요. 나는 게임기를 요리조리 살폈어요. 나는 게임기의 뚜껑을 열었어요. 가슴이 철렁 내려앉았어요. 작은 화면에는 여전히 흰 비닐이 붙어 있었어요. 영택이가 준 게임기는 완전 새 것이나 다름없었어요.

"잘 봐. 네 것 아니야?"

영택이도 어느새 목소리가 가라앉은 채 내게 물었어요.

"내 건 여러 친구들의 손을 타서 이렇게 광택이 나지 않아. 그리고 화면에 붙어 있던 비닐이 벗겨진 지도 오래고."

"뭐?"

영택이가 깜짝 놀라 내 손에서 게임기를 낚아채더니 이리저리 살폈어요. 이번에는 영택이의 얼굴이 점점 붉어졌어요.

"그럴 리가? 이건 분면 선재 게임기인데."

영택이가 어쩔 줄 몰라 했어요. 나는 영택이의 손에서 게임기를 뺏어 지훈이의 손에 돌려줬어요.

"미안해, 지훈아."

나는 거의 기어들어가는 목소리로 사과를 했어요. 지훈이는 게임기를 받아 들고 우리를 둘러 싼 아이들을 밀치고 절뚝거리며 교실로 들어갔어요. 우리는 걸어가는 지훈이의 뒷모습을 넋을 놓은 채 바라보았어요. 영택이와 나는 한동안 지훈이의 얼굴을 볼 수 없을 것 같았어요.

아휴, 이젠 이쩌지? 나를 생각해 준 영택이의 고마운 마음보다 지훈이에게 미안한 마음이 훨씬 컸어요.

3 마음먹은 대로

교실로 돌아가 빛바랜 주황색 잠바에 폭 싸인 지훈이의 뒷모습을 보았어요. 그런데 지훈이의 몸이 더 작게 보이는 이유는 뭘까요? 지훈이는 왜 게임기가 자기 것이라고 당당하게 소리치지 못했을까요? 어차피 그 게임기는 자기 것이 확실하니까 그랬을까요? 만약 그 자리에서 그 게임기가 내 것이 맞다고 우겼다면 지훈이의 반응은 어땠을까요? 아마 지훈이는 게임기가 자기 것이라고 끝까지 주장하지 못했을 거예요. 그래서 마음이 좋지 않았어요.

집으로 가려다가 무작정 버스를 탔어요. 버스 창밖으로 보이는 가로수는 바람이 불 때마다 나뭇잎이 우수수 떨어졌어요. 벌써 벌거벗은 나무도 꽤 보였어요. 앙상한 나무를 보자 몸이 부르르 떨렸어요. 나는 외투의 지퍼를 목까지 올렸어요.

나는 버스 안내 방송을 듣고 깜짝 놀랐어요. 버스는 지혜 아줌마가 있는 학교로 가고 있었어요. 버스에서 내린 나는 어느새 지혜 아줌마 연구실 앞에 서 있었어요.

나는 연구실 문을 두드렸어요.

"어머, 선재가 아줌마 연구실까지 무슨 일로 온 거야?"

책을 보던 아줌마는 나를 보자 반갑게 맞아 주었어요.

"연락도 없이 웬일이야? 아빠 몰래 아줌마와 데이트?"

아줌마가 나를 보고 윙크를 했어요. 나는 아줌마의 말에 피식 웃었어요. 아줌마 연구실은 불교에 관한 책으로 가득 채워져 있었어요. 나는 책장의 선반에서 엄마 사진을 봤어요.

"왜? 우리 선재가 요즘 무슨 고민이 있나? 무슨 고통을 받기에 이 아줌마를 찾아 왔나?"

아줌마가 탁자에 오렌지 주스를 놓으며 물었어요.

"아줌마, 지난번 엄마 제사 때 왜 집 앞까지 오셨다가 그냥 가셨어요?"

나는 내 입에서 불쑥 나온 말에 깜짝 놀랐어요. 아줌마도 당황했지요.

"그날은 좀 바빠서."

"이제 우리 아빠랑 데이트 안 하세요?"

아줌마는 움찔 놀랐어요. 나는 아줌마를 보고 씩 웃었어요. 그러자 아줌마의 표정이 이내 풀어졌어요.

"친구 사이에 데이트는 무슨."

아줌마도 나를 보고 웃었어요.

"어이, 선재 군. 어서 말해 보시지. 아빠와 나의 동태를 살피러 온 것은 아닐 테고."

아줌마도 이모만큼이나 눈치가 빨라요. 나는 한숨을 푹 내쉰 후 낮에 학교에서 있었던 일을 간신히 꺼냈어요. 아줌마는 아주 진지하게 나의 이야기를 끝까지 들어주었어요.

"지훈이한테 어찌나 미안하던지. 미안하다고 말했지만 말만으로는 부족한 것 같아요. 말이 없는 애라 화가 풀렸는지도 모르겠고요. 그렇다고 계속 미안하다는 말만 할 수도 없고."

아줌마가 안경 너머로 나를 지긋이 바라보았어요.

"게임기를 잃어버렸을 때보다 더 고통스러워요."

나는 힘없이 대답했어요. 아줌마가 빙그레 웃었어요.

"아줌마가 생각하는 것보다 선재가 더 많이 성숙하구나. 이런 선재 모습을 보면 엄마가 정말 기뻐하시겠다."

나를 바라보는 아줌마의 모습은 마치 사진 속 엄마 같았어요.

"아줌마 생각에는 아마 네 게임기가 없어진 날 지훈이도 괴로웠을 거야. 반 친구들이 자신을 의심하지 않을까 하는 걱정을 했겠지."

나는 아줌마의 말에 고개를 끄덕였어요.

"지훈이라는 친구는 성격이 굉장히 소극적인가 보다. 보통 그런 게임기를 갖고 다닐 정도면 자랑하고 싶었을 텐데 말이야."

"그러니까 말이에요. 지훈이도 나랑 같은 게임기가 있다는 걸 알았다면 오늘 같은 실수는 없었을 거예요."

나는 한숨을 푹 쉬었어요.

"너랑 영택이가 90퍼센트는 잘못이 있지만 아줌마 생각에는 지훈이도 10퍼센트 정도 잘못이 있는 것 같다. 모든 일은 자기 생각대로 움직인다는 게 아줌마의 생각이야."

"생각대로 움직인다고요?"

"자신이 의심을 받을지도 모른다고 생각한 지훈이의 걱정 때문에 오늘 같은 결과가 생긴 거라고 봐."

나는 아줌마의 말에 고개를 갸웃거렸어요.

"선재도 잘 생각해 봐. 게임기를 학교에 들고 다닐 때 내 게임기가 도둑맞으면 어떡하지 하는 생각을 자주 하지 않았니?"

나는 아줌마의 말에 내심 놀랐어요. 아줌마는 족집게예요. 그런 생각을 한 내 마음을 어떻게 알았을까요?

"그런 선재의 생각 때문에 게임기가 없어진 거야. 또 지훈이도 의심을 받으면 어쩌지라는 생각 때문에 결국 오늘 의심을 받게 된 거고."

나는 아줌마의 말에 천천히 고개를 끄덕였어요.

"아줌마의 말 대로라면 생각하는 대로 이루어지지 않는 일이 없겠어요."

아줌마가 미소를 지으며 고개를 끄덕였어요.

"꿈은 이루어진다, 몰라?"

"알아요."

"이루어지는 건 꿈만이 아니야. 불안도 걱정도 나쁜 생각도 다 생각하는 대로 이루어지지. 아줌마는 그렇게 생각해."

나는 아줌마를 조용히 바라봤어요.

"자신이 지금 하고 있는 생각을 잘 봐. 그러면 그 생각이 나를 어떻게 움직이는지 알게 될 거야. 그렇게 되면 내 미래가 어떻게 될지 예측할 수가 있지. 예언가가 별건가?"

나는 착하게 생긴 아줌마의 눈을 빤히 바라보았어요.

"자신의 생각을 잘 들여다볼 줄 아는 사람이 예언가 아닐까?"

아줌마는 진지하게 아줌마를 바라보고 있는 내 머리를 쓰다듬었어요.

"지훈이한테 진심으로 미안하다고 사과할 기회가 오면 좋겠다 하고 생각해 봐. 그러면 그 기회는 곧 올 거야."

아줌마의 맑고 경쾌한 목소리가 내 마음속으로 쏙쏙 들어와 복잡한 내 마음을 어루만졌어요. 나는 아줌마의 부드러운 목소리를 들으며 고개를 끄덕였어요.

아줌마는 엄마로 부르기에 조금도 부족함이 없는 분이에요. 나는 아줌마를 보고 씩 웃었어요. 생각하는 대로 이루어진다라……

나는 아줌마의 눈을 똑바로 보고 마음속으로 빌었어요. 아줌마가 우리 엄마였으면 좋겠어요.

"아줌마 말씀대로 할게요. 지훈이에게 진심으로 사과할 기회를 가질게요. 나의 잘못된 생각 때문에 일이 이렇게까지 커진 것 같아 미안할 따름이에요."

아줌마가 내 어깨를 다독였어요. 아줌마의 손길은 정말 다정했어요.

"선재, 정말 다 컸구나."

아줌마의 말을 듣고 있으려니까 마치 엄마가 나에게 하는 말 같았어요. 나의 마음은 이미 아줌마를 엄마로 받아들이고 있나 봐요. 하루라도 빨리 가족들에게 이 사실을 알리고 싶었어요. 마음먹은 대로 된다. 마음먹은 대로 된다. 나는 또 주문을 걸었어요. 이렇게 주문을 걸고 났더니 지훈이에 대한 죄책감도 사라졌어요. 그리고 당장이라도 지훈이와 친해질 수 있을 것 같았어요.

그런데 한 가지 걱정이 되었어요. 아줌마가 엄마가 되었으면 좋겠다는 생각이 나만의 욕심이면 어쩌죠? 아빠가 욕심은 또 다른 고통을 가지고 온다고 했는데 말이에요. 아까 아줌마가 아빠를 친구라고 부른 것도 조금 마음에 걸리고요. 하지만 이 정도 욕심은 내도 좋지 않을까요? 한편으론 그런 생각도 들었어요.

아줌마도 우리 집 식구를 좋아하고 우리 집 식구도 아줌마를 좋아하니까 그리 큰 문제는 없을 거예요. 이제 가족 한 사람, 한 사람이 내 뜻에 도장을 찍기만 하면 되는 거예요.

고통에서 벗어나는 길

고통이 한두 가지가 아니듯 고통에서 벗어나는 길 역시 한두 가지가 아닙니다. 고통에서 벗어가기 위해 무엇보다도 중요한 것은 고통에 대한 자각입니다. 우리가 고통이 무엇인지를 올바로 느꼈을 때 고통에서 벗어날 수 있는 길도 알게 되는 것입니다. 마찬가지로 아이들에게는 만족할 만한 성적을 얻지 못했거나 가지고 싶은 물건을 갖지 못한다는 자각이 고통이겠지요.

아이들에게 그 고통의 원인이 무엇이냐에 대해 이렇게 설명할 수 있을 것입니다. 먼저 불경에서 제시하는 태어나는 고통, 늙어가는 고통, 병 들어가는 고통, 죽어가는 고통, 좋아하는 사람(상황)과 헤어지는 고통, 싫어하는 사람(상황)과 만나는 고통, 구하려고해도 얻지 못하는 고통, 살아 있다는 그 자체의 고통 등 여덟 가지 고통들에 대한 정확한 자각이 무엇보다도 중요하다고 일깨워 주어야 합니다. 그런 뒤에 갖고 싶은 것을 가지지 못하고 얻고 싶은 성적을 얻지 못하는 현실적인 고통의 원인을 일러 주어야겠지요.

　그러면 왜 이러한 고통이 있는 걸까요? 고통에 대한 자각이 있게 되면 그것의 원인도 파악하게 되지요. 지금 나의 현실은 모두 어떤 원인에 따른 결과입니다. 시험 성적이 좋지 않다면 그 원인은 공부를 제대로 하지 않은 탓인 것처럼 말입니다. 공부를 제대로 하지 않으니까 좋은 결과가 나오지 않게 되었고, 좋지 않은 결과는 다시 원인이 되어 나에게 고통의 결과를 주게 된 것입니다.

　이처럼 고통은 원인과 조건에 의한 결과입니다. 이러한 고통에 대한 자각이 고통의 해결을 위한 출발이 됩니다. 자각이 없는 한 고통의 문제를 해결할 방법은 없기 때문입니다. 붓다가 제시한 사성제가 '네 가지 성스러운 길'이라는 근거는 바로 여기에 있습니다. 어느 시간과 어느 공간에서도 우리의 고통 문제를 해결할 공식과도 같은 것이기 때문에 성스럽다고 하는 것입니다. 동시에 아라한과 같은 성자들의 삶의 방식이기에 성스러운 것이기도 한 것입니다.

괴로움을 없애기 위해서는 어떻게 해야 하는가

1. 지훈아, 미안해!
2. 두 개의 세계
3. 네 개의 문으로 들어가다
4. 나와 맺은 인연
5. 아빠와 지혜 아줌마

 우리는 생각하는 대로 변한다. — 석가모니

1 지훈아, 미안해!

일주일만 있으면 방학이에요. 그 전에 지훈이와 화해를 해야 해요. 그 사건이 있은 후 지훈이는 더 말이 없고 움직임도 줄었어요. 영택이는 아예 지훈이 옆에 가지도 못해요. 나보다 훨씬 대범한 영택이가 그래도 넉살이 좋게 지훈이에게 말을 걸 줄 알았는데 나만큼이나 지훈이 눈치를 봤어요.

"미선아, 영택아, 나 좀 도와줘."

나는 미선이와 영택이에게 도움을 청했어요.

"지훈이 일?"

영택이가 의아해 했어요.

"맞아. 지훈이는 항상 스탠드에만 앉아 있잖아. 그런 지훈이에게 뭔가를 시켜 주면 좋겠어."

미선이가 말했어요.

"점수판을 지훈이에게 맡기자. 아니면 깍두기로 우리 편에 넣던가 하자."

우리 편에 넣자는 말에 영택이가 인상을 찌푸렸어요.

"너랑 나랑 지훈이 옆에서 같이 뛰면서 도와주면 되잖아."

내 말을 들은 영택이가 뭔가를 곰곰이 생각하고 있어요.

"맞아. 왜 그 생각을 못했을까? 점수판을 적는 것보다 같이 뛰는 게 더 좋을 거야. 우리가 옆에서 조금만 도와주면 되는데."

미선이가 신이 나서 말했어요.

"하지만 다리가……."

"다리가 불편하다고 축구를 못할 거란 생각은 버리자."

나는 영택이의 어깨를 툭툭 쳤어요.

"좋아. 그럼 지훈이한테 누가 말하지?"

영택이가 나를 쳐다봤어요.

"너랑 나랑 같이."

나는 웃으면서 영택이를 봤어요. 영택이는 시무룩한 표정을 짓더니 이내 환하게 웃으며 고개를 끄덕였어요.

우리는 지훈이에게 다가갔어요. 지훈이는 우리를 쳐다보지도 않았어요.

"지훈아."

내가 지훈이를 불렀어요. 지훈이는 여전히 책만 쳐다보고 있었어요.

"우리 같이 축구할래?"

영택이가 불쑥 큰 소리로 말했어요. 축구를 하자는 말에 반 아이들이 우리를 쳐다봤어요. 그때까지 반응이 없던 지훈이도 우리를 쳐다봤어요.

"난 잘 못 뛰는데."

지훈이가 작게 말했어요.

"우리가 같이 뛸게."

영택이와 내가 동시에 말했어요. 우리는 서로를 보면서 머리를 긁적거렸어요. 지훈이가 한동안 우리를 빤히 쳐다보았어요.

"그때는 정말 미안했어. 잘 알지도 못하면서."

영택이가 뒤통수를 긁적거리며 말했어요.

"나도 정말 미안해."

나도 말했어요.

"너희들 잘못만이라고도 할 수 없어. 나도 의심을 받을 만한 행동을 했어."

"아니야. 그래도 우리가 잘못했어."

영택이와 내가 지훈이를 보고 어색하게 웃었어요. 지훈이도 우리의 모습에 피식 웃었어요.

"이따가 나 뛰는 거 보고 웃으면 안 된다."

지훈이가 살짝 웃으며 말했어요.

"좋았어!"

영택이와 나는 지훈이를 보고 환하게 웃었어요. 가슴에 맺혔던 고통이 일순간에 쑥 내려가는 것 같았어요. 지훈이와의 대화가 순조롭게 풀리자 나는 지혜 아줌마를 생각했어요. 아줌마를 엄마로 만드는 일도 순조롭게 풀릴 것 같았어요.

영택이와 나는 지훈이 양쪽에 딱 버티고 섰어요. 그리고 지훈이가 다치지 않게 도와주었지요. 지훈이는 우리보다 좀 느리게 뛸 뿐이지 그 모습이 이상하지는 않았어요.

"패스해! 이쪽으로!"

영택이가 공을 가지고 있는 우리 편에게 소리를 쳤어요. 공이 포물선을 그리며 지훈이 앞으로 멋지게 떨어졌어요. 상대편은 우리를 향해 몰려왔어요.

"지훈아, 지금이야. 지금 차!"

나와 영택이가 지훈이를 향해 소리쳤어요. 지훈이가 공을 갖고 몸을 돌렸어요. 그리고 무서운 눈으로 골키퍼를 노려봤어요.

"박지훈, 파이팅!"

스탠드에 앉아 있던 여자애들이 소리쳤어요.

"잘한다. 박지훈!"

지훈이가 균형을 잡기 위해 양손으로 영택이와 나의 팔뚝을 잡았어요. 그리고 다리를 뒤로 쭉 뺀 후에 공을 찼어요. 하지만 다리 힘이 약했는지 공은 멀리 날아가지 못하고 뚝 떨어졌어요.

그때 영택이와 나는 누가 먼저랄 것도 없이 떨어진 공을 향해 돌진했어요. 우리는 달려오는 수비수들을 제쳤어요. 내가 영택이에게 공을 패스했어요. 영택이는 마치 박지성처럼 공중에 뜬 공을 향해 점프했어요. 그리고 멋진 헤딩슛을 날렸죠.

"골인! 골인!"

골키퍼가 잡지 못한 공이 힘차게 그물을 흔들었어요. 골인! 골인! 여기저기서 함성이 터져 나왔어요. 지훈이가 절뚝거리며 우리를 향해 달려왔어요. 영택이와 나도 지훈이에게 달려갔어요. 우리는 서로 부둥켜안고 함성을 질렀어요. 6학년 2학기 마지막 체육 시간의 축구 경기는 우리 팀의 승리로 막을 내렸어요. 모두들 지훈이, 나, 영택이를 보고 환상의 드림팀이라고 불렀어요.

"지훈아, 영택아, 오늘 우리 집에 가서 놀자!"

"좋아!"

지훈이와 영택이가 나를 바라보며 환하게 웃었어요.

우리 셋은 겨울의 매서운 공기를 가르며 집으로 향했어요. 옆에 친구들이 있어서 그런지 겨울바람이 전혀 차갑게 느껴지지 않았어요.

2 두 개의 세계

"다녀왔습니다! 영택이랑 지훈이도 왔어요!"

"지훈이?"

지훈이라고 부른 목소리는 분명 지혜 아줌마의 목소리였어요. 나는 신발을 후다닥 벗고 지혜 아줌마한테 큰 소리로 인사를 했어요. 그리고 영택이와 지훈이를 소개했어요.

"네가 지훈이고 네가 영택이구나. 만나서 반갑다. 너희들 얘기는 많이 들었다."

아줌마가 웃으면서 지훈이와 영택이를 맞았어요. 예쁜 지혜 아줌마의 미소를 보자 친구들 얼굴이 빨개졌어요. 나는 지혜 아줌마가 엄마라도 되는 양 어깨를 으쓱거렸어요.

"누구야? 진짜 예쁘다."

방으로 들어오자마자 지훈이와 영택이가 물었어요.

"아빠 친구."

"그럼 미래의 새 엄마?"

영택이가 물었어요. 영택이의 모습을 보니 약간 부러운 것 같았어요. 영택이 엄마는 못생겼거든요. 히히히.

"어쩌면……."

나는 어깨를 으쓱이며 말했어요.

"예쁜 엄마 생겨서 좋겠는걸."

영택이가 또 말했어요. 나는 영택이와 지훈이에게 새로운 게임을 보여 줬어요.

"이번에 새로 산 게임이야. 진짜 재밌어."

지훈이와 영택이 눈이 휘둥그레졌어요. 그리고 둘은 금방 게임 속으로 빠져들었어요.

"안 돼. 지훈아. 네가 왼쪽을 막아. 내가 오른쪽을 막을게."

영택이가 소리쳤어요.

"내가 오른쪽으로 이동하기 더 편하니까 내가 오른쪽으로 갈 거야."

지훈이도 지지 않고 말했어요. 나는 지훈이가 그렇게 큰 소리 내는 모습은 처음 봤어요.

"내가 오른쪽으로 간다니까. 우리 이러다 죽어!"

영택이가 외쳤어요. 아줌마가 우유와 고구마를 들고 방으로 들어왔어요.

"어머, 무슨 일이야? 사이좋게 게임하다가 둘이 싸우겠네."

아줌마가 걱정했어요.

"야, 너희들 싸우려면 조용히 싸워. 이러다 집에 있는 게임까지 뺏기겠어."

나는 지훈이와 영택이에게 부탁을 했어요. 하지만 한 번 게임에 빠지면 헤어날 줄 모르는 영택이는 게임을 하면서 계속 지훈이에게 소리를 질렀어요.

"우리 이러다 죽는다니까!"

나와 지훈이는 영택이의 외침에 깜짝 놀랐어요.

"오영택!"

나는 영택이를 큰 소리로 불렀어요. 하지만 영택이는 내 소리에는 아랑곳하지 않고 자판을 열심히 두드렸어요. 아무리 봐도 영택이는 꼭 게임 중독증 환자 같았어요.

영택이는 한 번 게임을 시작하면 기본으로 두 시간은 넘겨요. 그래서 영택이 집에서 게임 금지령이 내려졌대요. 그런 영택이를 알기에 우리 집에 와도 나는 영택이와 게임을 잘 안 하려고 해요. 한 번 게임을 시작하면 끝을 봐야 하는 영택이의 성향 때문에 같이 게임을 하는 게 좀 두려워요.

그런데 오늘은 지훈이와 친구가 된 기념으로 특별히 게임을 했어요. 아니나 다를까요. 게임할 때 돌변하는 영택이의 성격이 또 드러나고 말았어요. 영택이는 게임이 뜻대로 되지 않자 책상을 꽝꽝 내리쳤어요. 지훈이는 영택이의 행동에 어리둥절해 하더니 결국 게임을 그만하자고 말했어요.

"뭐야! 다 이긴 판을 포기한다니. 말도 안 돼. 지훈이 못하면 선재, 네가 대신 해."

영택이는 완전히 흥분한 상태였어요.

"오영택, 너 너무 흥분했다. 흥분을 가라앉히기 전에는 게임 못하겠는데."

나는 절레절레 고개를 저었어요.

"선재, 영택이, 지훈이 나와 봐라!"

거실에서 아줌마가 불렀어요.

"야, 그만해. 아줌마가 부르시잖아."

나는 침대에서 일어났어요. 지훈이도 자리에서 일어나려고 했어요.

"야, 게임하다 말고 어딜 가? 빨리 다시 앉아. 이번 판 끝나고 나가자. 응?"

영택이가 모니터에서 눈을 떼지 못하고 말했어요. 그 때 아줌마가 방으로 들어왔어요. 그리고 컴퓨터 전원 버튼을 눌렀어요. 나와 지훈이는 아줌마의 행동에 입을 떡 벌린 채 쳐다만 보았어요.

"아줌마, 조금만 하면 이기는데요."

영택이가 짜증스럽게 말했어요. 나는 아줌마한테 그렇게 말하는 영택이가 맘에 들지 않았어요.

"게임 시작한 지 한 시간이 넘었잖니."

아줌마의 표정은 부드러웠지만 말투는 단호했어요.

"다들 나오시오."

아줌마가 거실로 나갔어요. 우리도 아줌마를 따라 거실로 나가

소파에 앉았어요.

"이 딸기 좀 먹어 봐. 겨울 딸기 맛이 일품이야."

아줌마가 우리에게 딸기를 하나씩 집어 주었어요.

"아, 뭐예요. 겨우 딸기 때문에 우리가 쌓은 공든 탑을 한 순간에 무너뜨린 거예요? 너무하세요."

영택이는 컴퓨터를 끈 아줌마의 행동에 여전히 분을 삭이지 못했어요.

"아줌마가 그건 정말 미안해. 그런데 지금 너희들에게는 게임보다 딸기를 먹는 게 더 중요한 것 같아서. 아무래도 게임보다는 영양가를 섭취하는 게 몸에도 좋지 않겠니?"

아줌마는 여전히 웃음을 잃지 않고 말했어요.

"게임을 하면 스트레스가 풀려서 얼마나 좋은데요."

영택이가 말했어요. 영택이의 말에 나와 지훈이는 황당해 하며 영택이의 붉은 뺨을 바라보았어요.

"네 볼을 봐라. 스트레스가 풀리긴······. 더 쌓인 것 같은데."

내가 한마디 했어요. 나의 말에 지훈이가 키득거렸어요. 그러자 영택이의 볼이 붉으락푸르락했어요.

"얘들아, 세상에는 두 개의 극단이 있어."

아줌마가 딸기 접시를 우리 쪽으로 밀며 말했어요.

"두 개의 극단이요? 그게 뭔데요?"

내가 딸기를 씹으며 아줌마를 봤어요.

"첫째는 욕망의 쾌락에 빠지는 거야. 그것은 천하고 저속하며 어리석고 무익한 거지."

아줌마가 우리를 둘러보며 말했어요.

"쾌락이라고 하면 게임 같은 거예요?"

지훈이가 슬그머니 영택이 눈치를 보며 물었어요. 그때까지도 영택이는 딸기를 먹지 않고 노려보고만 있었어요.

"그렇지. 지나치게 게임을 하는 것도 쾌락에 빠진 거라고 할 수 있지."

"어른들이 하는 도박이나 술, 담배도 쾌락이지요?"

아줌마가 내 말에 웃으며 고개를 끄덕였어요.

"또 하나는 뭐예요?"

지훈이가 물었어요.

"둘째는 자기 자신을 괴롭히는 데에 열중하는 거야. 이것은 괴롭기만 할 뿐 나한테 전혀 도움이 되지 않지."

나는 아줌마의 말에 지훈이를 의심했던 순간을 생각했어요. 아주 짧은 시간이었지만 친구를 의심하는 건 정말이지 못할 짓이었어요. 또한 게임기가 없어졌다고 펄쩍펄쩍 뛰면서 난리친 것도 부끄러웠어요. 모두 다 내 마음을 불편하게만 한 일이었어요.

나는 옆에서 맛있게 딸기를 먹는 지훈이가 고맙기만 했어요. 다시는 그런 고통의 세계로 떨어지고 싶지 않았어요. 나는 영택이를 봤어요. 아마 영택이도 지금 고통 속에 있겠죠?

"너희한테는 좀 어려운 말이겠지만 이런 양극단을 버리고 어느 쪽에도 치우치지 않은 길을 깨달으면 세상을 사는 게 훨씬 쉬울 거야. 그것을 바로 중도라고 한단다."

우리는 멍하니 아줌마를 바라봤어요.

"이 중도를 깨닫고 눈을 뜨게 되면 열반에 이르게 되는 거지."

"그렇게 한 사람이 바로 석가모니예요?"

내가 물었어요.

"빙고!"

아줌마가 윙크를 했어요.

"그렇게 못 알아듣는 중도를 하느니 게임을 하는 게 훨씬 더 쉽겠어요."

영택이의 말에 지훈이와 나는 피식 웃었어요. 안 듣는 척하면서 다 듣고 있었군. 나는 딸기를 집어서 영택이의 입에 쏙 넣었어요. 영택이가 무표정으로 우적우적 딸기를 씹었어요.

"아줌마가 짧은 얘기 하나 해 줄까?"

"네."

지훈이와 내가 대답했어요.

석가모니의 제자 중에 '소나'라는 제자가 있었어요. 소나는 목숨을 걸고 수행을 했지만 아무리 해도 깨달음에 이를 수가 없었어요. 수행을 하면 할수록 엉뚱한 생각이 그를 괴롭혔어요. 그 사실을 안 석가모니는 소나를 찾아가 이렇게 물었어요.

"그대는 집에 있을 때 무슨 일을 했느냐?"

"세존이시여! 저는 거문고를 좀 연주했습니다."

"그러면 소나여! 거문고 줄을 아주 팽팽하게 죄면 어떻더냐? 켜기에 좋더냐?"

"세존이시여! 너무 팽팽하면 좋지 않습니다."

"그렇다면 거문고 줄을 아주 느슨하게 하면 어떻더냐?"

"세존이시여! 그렇게 하면 연주를 할 수 없습니다."

"소나여! 너의 말대로다. 거문고 줄이 너무 팽팽하거나 너무 느슨해서는 좋은 소리를 내지 못할 것이다."

소나는 석가모니의 말씀에 고개를 숙였어요.

"도(道)의 실천도 그와 같은 것이다. 쾌락에 빠지는 일이나 고행을 일삼는 것은 모두 바른 태도가 아니다."

석가모니는 빙그레 미소를 지었어요.

"깨닫기 위해 지나치게 마음을 서두른다면 고요한 심경을 기대할 수 없고, 지나치게 긴장을 푼다면 나태한 심경을 드러낼 수 있다. 소나여! 그 중도를 취하도록 하여라."

3 네 개의 문으로 들어가다

아줌마의 이야기를 끝까지 들은 우리는 한동안 아무 말도 하지 않았어요.

"결국 뭐든 지나치면 좋지 않다는 얘기군요."

영택이가 좀 차분해진 목소리로 말했어요. 우리는 웃으며 영택을 보았어요. 나는 지혜 아줌마를 바라보며 미소를 지었어요. 지혜 아줌마라면 영택이의 게임 중독도 고칠 수 있겠다는 생각이 들었어요. 역시 지혜 아줌마는 완벽한 엄마가 될 수 있어요.

"그렇지. 뭐든 지나치면 좋지 않아. 게임도 적당히 할 때는 스트레스가 풀릴지 몰라도 그 이상이 되면 백해무익하지."

우리 얘기를 언제부터 듣고 있었는지, 아빠가 말했어요.

"하지만 우리 나이에 중도를 지킨다는 건 영 어려운 일이야."

내가 말하자 영택이와 지훈이가 크게 고개를 끄덕였어요. 아빠와 아줌마가 우리의 반응을 보더니 피식 웃었어요.

"그렇지. 명상을 많이 한 사람도 중도를 지키기는 어렵단다. 하지만 또 쉽다고 생각하면 이것만큼 쉬운 게 없지."

"아빠는 정말 신선 같은 말씀만 하셔."

나는 날름날름 딸기를 먹으며 말했어요. 가끔씩 아빠가 나보다도 철부지 같다는 생각을 했었는데 오늘은 정 반대네요. 옆에 아줌마가 있어서 그런가?

" '중도' 의 '중' 은 《천자문》에 나오는 '가운데 중(中)' 자가 아닌가 봐요."

지훈이가 말했어요. 나와 영택이는 지훈이의 질문에 깜짝 놀랐어요. 어떻게 이런 질문을 할 수 있을까? 설마 지훈이는 아빠의 말을 알아듣는 걸까요? 나는 슬쩍 영택이를 봤어요. 영택이도 지훈이의 질문에 놀란 것 같았어요.

"'바르다'로 이해해야 하나요?"

지훈이가 물었어요. 영택이와 나는 또다시 놀란 눈으로 지훈이를 쳐다봤어요. 오호라. 저 녀석 제법인데!

"그래, 지훈이가 잘 아는구나. 불교에서 말하는 '중도'의 '중'은 '바르다'라는 뜻이란다. 그러니까 중도는 '바른 길'이지."

나와 영택이는 팔짱을 끼고 고개만 끄덕였어요.

"불교에서 중도는 굉장히 중요한 가르침이야. 연기의 가르침만큼이나 말이지."

아줌마가 말했어요.

"중도는 바른 길이란 뜻이고 연기는 뭐예요? 무엇을 태울 때 나는 연기인가요?"

영택이가 아는 척을 했어요. 영택이의 말에 아빠와 아줌마가 웃었어요.

"나는 불교에서 무언가를 태운다는 말은 못 들어 봤는데."

나는 한마디를 툭 던졌어요. 나의 말에 영택이가 어깨를 으쓱했어요.

"불교에서 말하는 네 개의 성스러운 진리에 대해서 들어 보겠니?"

아줌마가 말했어요. 우리는 아줌마의 말에 고개를 끄덕였어요.

"그 네 가지란 고의 성제, 고의 발생의 성제, 고의 멸진의 성제, 고의 멸진에 이르는 길의 성제란다. 이걸 사성제라고 하는데, 붓다는 사성제를 코끼리의 발자국에 비유한단다. 코끼리 발자국은 어느 동물 발자국보다도 크기 때문에 모든 동물 발자국이 다 코끼리 발자국 안에 들어오지. 그런 것처럼 세상의 모든 진리도 네 가지 성제 안에 모두 포함되는 거야."

나는 아줌마의 말에 머리를 꽉 움켜잡았어요.

"어려워, 어려워."

나의 말에 영택이도 머리를 움켜잡았어요.

"내 머리의 한계를 느껴."

영택이의 말에 아빠와 아줌마가 웃었어요. 아줌마는 '만동자'라는 수행자의 이야기를 들려 주었어요. 나는 이야기를 좀 더 재밌게 듣기 위해서 지훈이의 얼굴을 보며 만동자라고 상상하면서 들었어요. 지훈이는 평소에 말이 없고 늘 생각하는 애처럼 앉아 있으니까 철학에 관심이 있는 만동자 캐릭터에 딱 맞는 느낌이었어요. 만동자를 지훈이로 상상하니 아줌마의 이야기가 귀에 쏙쏙 들어왔어요.

만동자는 늘 철학적인 문제를 논의하기 좋아했어요. 어느 날 그는 석가모니를 찾아와 다음과 같이 말했어요.

"세존이시여! 이 세계는 시공간적으로 유한합니까, 무한합니까? 영혼과 육체는 같은가요, 다른가요? 여래 사후에 여래는 존재합니까, 존재하지 않습니까? 만약 이 질문에 대답을 해 주시지 않는다면 저는 집으로 돌아가겠습니다."

석가모니는 침묵했어요. 또 다시 만동자는 위와 같은 질문을 던졌어요. 침묵했던 석가모니가 입을 열어 다음과 같이 말했어요.

"만동자여! 내가 그대의 질문에 답해 준다고 했기 때문에 그대는 나를 찾아 출가했는가?"

"그렇지 않습니다. 세존이시여!"

"그렇다면 만동자여! 내가 그대의 그러한 질문에 답해 준다고 해서 무엇이 달라지겠는가?

그러면서 세존은 다음과 같은 비유를 했어요.

"여기에 한 젊은 청년이 있네. 그는 독이 묻은 화살을 맞았지. 그러자 그의 가족은 빨리 훌륭한 의사를 불러 독화살을 뽑아 내고 독을 없애야 된다고 서둘렀지. 그런데 이 청년이 이렇게 말했다네.

'아직 이 독화살을 뽑지 말아 주십시오. 이 화살을 쏜 사람의 계급이 바라문인지, 크샤트리아인지, 바이샤인지, 수드라인지 알기 전에는 화살을 뽑지 말아 주십시오.

이 화살을 쏜 방향이 동쪽인지, 남쪽인지, 서쪽인지, 북쪽인지 알기 전에는 화살을 뽑지 말아 주십시오.

이 화살대가 물푸레나무인지, 박달나무인지, 포플러나무인지, 미루나무인지 알기 전에는 화살을 뽑지 말아 주십시오.

이 화살촉이 구리인지 아연인지 동인지 철인지를 알기 전에는 화살을 뽑지 말아 주십시오. 그리고 이 활줄이 무슨 동물의 힘줄로 만들었는지를 알기 전에는 화살을 뽑지 말아 주십시오' 라고 한다면 이 젊은 청년은 어떻게 되겠는가?"

만동자는 아무 말도 하지 못했어요.

"그러므로 만동자여! 나는 설하지 않을 것은 설하지 않고, 설할 것만 설한다. 그러면 내가 한결같이 설할 것이 무언인가. 그것은 고통, 고통의 발생, 고통의 멸진, 고통의 멸진에 이르는 길인 사성제이다. 만동자여! 나는 왜 그것들을 설하는가? 만동자여! 그것들은 마땅히 도움이 되며, 범행의 기초가 되며, 적정, 증지, 증각, 열반으로 나아가는 길이기 때문이다. 그러기에 설했음을 알아야 할 것이다."

만동자는 석가모니에게 합장을 했습니다.

"석가모니는 네 가지 성스러운 진리인 '사성제'에 대해서 역설을 하셨지. 이것은 나의 고통이 어떻게 생겨났으며, 어떻게 소멸시킬 수 있는지를 보여주는 지름길이란다."

아빠가 말했어요.

"또한 이 사성제는 중도의 다른 가르침이자 모든 가르침을 아우르는 진리이기도 해. 그리고 중도의 구체적인 실천법이 바로 여덟 가지 바른 길인 팔정도야."

아줌마도 말했어요.

"팔정도가 뭐예요?"

지훈이가 물었어요.

"성스러운 여덟 가지의 도는 바른 견해, 바른 생각, 바른 말, 바른 일, 바른 생활, 바른 노력, 바른 기억, 바른 집중이야. 팔정도야말로 고통을 소멸하는 지름길이지. 즉, 해탈에 이르는 지름길이기도 하고."

아줌마가 빙그레 웃었어요.

"그거 우리가 저학년 때 바른 생활에서 늘 듣던 말 아닌가?"

내 말에 애들이 고개를 끄덕였어요.

"맞아. 학교에서만 듣나? 집에서도 만날 엄마, 아빠한테 듣는 얘기지."

영택이도 한마디 했어요.

"팔정도가 별 거 아니구나."

지훈이도 우리를 보고 말했어요. 우리는 서로를 보고 고개를 끄덕였어요.

"그런데 평소에 잘 실천하나 생각해 보면 그렇지 않을걸?"

아빠가 우리를 보고 싱긋 웃으며 말했어요. 나는 오늘 있었던 일들을 잘 떠올려 봤어요. 지훈이랑 화해한 것만 봐도 팔정도를 잘 지킨 거 아닌가요?

"내가 집중력하고 기억력이 좀 떨어져서 그렇지 나머지는 잘하고 있는 것 같은데."

나는 마지막 딸기를 집어먹으며 말했어요.

"게임기 잃어버린 날은 거의 이성을 잃어서 팔정도 중에 지킨 건 아무것도 없는 것 같은데."

영택이가 나를 슬쩍슬쩍 쳐다보며 말했어요. 아뿔싸! 그날이 있었지.

"그런 날은 좀 잊어 주시지."

나는 영택이의 시선을 외면했어요. 아줌마와 아빠는 나를 보고 미소를 지었어요.

"참, 아까 불교의 연기에 대해 말씀하시다 말았잖아요."

지훈이가 화제를 돌려서 다행이었어요.

4 나와 맺은 인연

"불교의 '연기법'은 다시 말해 '인연법'이야."

"세상의 모든 일은 다 인연이 있어 생겼다는 뜻이지."

아빠의 말에 아줌마가 덧붙였어요.

"자, 이걸 봐라."

아빠는 접시에 있던 포크 두 개를 모아서 세웠어요. 우리는 아빠가 하는 행동을 어리둥절해 하며 바라보았어요.

"이 포크들은 어떻게 서 있을 수가 있지?"

아빠가 우리를 보고 물었어요.

"그야, 포크들이 서로 의지했으니까 서 있는 거지."

내가 말했어요.

"불교의 연기법이란 바로 그거야. 자, 봐라."

아빠는 세운 포크 중에 하나를 뺏어요. 그러자 다른 한 개도 탁자 위에 툭 떨어졌어요.

"아하!"

우리는 작은 소리로 탄성을 질렀어요.

"이것이 없으면 그것도 없고, 그것이 없으면 이것 또한 서 있지 못하지. 마치 갈대밭의 모든 갈대가 같은 방향으로 흔들리고, 바닷물이 하늘로 올라가 비로 내려서 강줄기를 따라 흘러 다시 바다가 되는 것처럼 말이야."

아빠가 포크 두 개를 좌우로 흔들며 말했어요. 우리는 고개를 끄덕였어요.

"내 게임기가 없었다면 잃어버릴 일도 없었고, 잃어버릴 일도 없었으면 지훈이를 의심하지 않아도 됐고, 그렇게 됐다면 지훈이가 화를 낼 일도 없었겠지."

나는 천천히 말했어요.

"하하하. 그렇지. 선재가 빨리 알아차렸네."

아빠가 웃었어요.

"하지만 선재가 게임기를 잃어버린 건 오히려 잘된 일이었어."

영택이가 말했어요. 우리는 영택이를 의아한 표정으로 바라보았어요.

"왜?"

"그 덕에 이렇게 지훈이랑 친구가 됐으니까 말이야."

영택이가 싱글거리며 지훈이의 어깨에 팔을 얹었어요.

"그렇지! 인연이라고 해서 꼭 나쁜 결과만 말하는 것은 아니란다. 선재가 게임기를 잃어버린 건 친구를 얻었다는 점에서 전화위복이 된 셈이지."

아빠의 말에 나는 활짝 웃으며 지훈을 보았어요. 지훈이가 쑥스러워하며 웃었어요.

"정말 신기하네요. 그러니까 세상에 존재하는 것이나, 생기는 일들은 다 그만한 이유가 있다는 뜻이네요."

영택이가 팔짱을 끼고 말했어요.

"오호!"

영택이의 말에 지훈이와 내가 탄성을 질렀어요.

"지금의 영택이는 아까 게임을 하던 영택이가 아닌데!"

아줌마도 놀라워했어요.

"제가 평소에는 이래요."

영택이가 혀를 날름거렸어요. 세상에 일어난 모든 일……. 그러니까 할머니, 엄마, 아빠, 이모, 지혜 아줌마, 내 친구들, 그리고 나. 우리들은 전생에 어떤 인연을 맺었기에 이렇게 현생에서 다시 만났을까요? 나는 거실에 모인 사람들의 얼굴을 찬찬히 살폈어요. 인연의 깊이가 얼마나 깊은지 모르겠지만 분명 기분 좋은 관계임에는 틀림이 없어요. 이렇게 같이 있는 것만으로도 평안한 기분이 드는 걸로 봐서는 확실히 그래요.

"아빠랑 아줌마 얘기를 듣고 났더니 나도 불교가 뭔지 아주 조금 알겠어."

나는 밝은 표정을 지었어요.

"오, 그래? 선재가 생각하는 불교가 뭔데?"

아줌마가 웃으면서 물었어요.

"불교학 교수님 앞에서 말하려니까 정말 쑥스럽다."

나는 얼굴을 붉혔어요. 아줌마는 온화한 미소를 띠며 나를 바라봤어요.

"뭐랄까, 고통으로부터 시작한 불교가 고통의 해결을 위해 중도와 연기의 가르침을 제시하고 있다는 것. 뭐, 이 정도."

나의 말에 아빠와 아줌마 그리고 친구들이 박수를 쳤어요. 나는 금세 귀까지 빨개졌어요.

"해선재를 앞으로 나의 수제자로 임명하노라."

아줌마의 말에 나는 무척 기뻤어요. 이왕이면 아줌마의 아들로 임명하시지. 나는 아빠와 나란히 앉아 있는 아줌마를 보았어요. 정말 잘 어울리는 한 쌍이에요. 십 년 이상을 지켜 온 우정이라면 그 이상도 지킬 수 있겠다는 생각이 들었어요.

마음먹은 대로 돼라. 마음먹은 대로 돼라. 나는 주문을 걸었어요. 마주 보고 서로 웃는 아줌마와 아빠의 모습은 어느 누가 봐도 부부 같았어요. 그런데 왜 두 분은 결혼을 하지 않는 걸까요? 아줌마의 친구였던 엄마 때문일까요?

"그런데 아저씨! 붓다는 사람이에요, 신이에요?"

영택이가 물었어요.

"사람이란다. 그는 분명히 역사적으로 존재했던 싯다르타라는 인물이었어. 그는 생사의 고통으로부터 자유로워지기 위해 출가를 했지. 그 결과 승리자인 붓다가 된 것이란다."

"그러면 붓다는 다시 태어나지 않나요?"

지훈이가 물었어요.

"응. 불교 교리에서 보면 그는 고통의 굴레에서 깨달음을 얻고 벗어났으니 다시 태어나지 않는 것이 당연하지. 하지만 우리들에 대한 자비심이 있었기에 새롭게 태어난단다. 생사의 문제를 넘어섰기 때문에 삶과 죽음을 자유자재로 선택할 수 있는 거란다."

"와, 그러면 태어나고 죽는 것을 마음대로 결정할 수 있다는 말이야?"

나는 석가모니가 대단하다는 생각이 들었어요.

"고통에서 벗어나고 현생에 얽매이지 않는 모습, 그게 바로 해탈의 경지야."

아줌마가 열심히 듣는 우리를 뿌듯한 얼굴로 바라보았어요.

5 아빠와 지혜 아줌마

"다들 공부를 너무 열심히 하는 거 아니냐? 저녁 식사는 언제 할 거야?"

할머니가 부엌에서 우리를 불렀어요. 할머니가 저녁이란 말을 하자 갑자기 배에서 꼬르륵 소리가 났어요.

"오늘 수업은 여기서 끝! 너무 열심히 강의를 했더니 나도 배가 고픈데! 학생들 수준이 너무 높아서 시간 가는 줄도 몰랐네."

아빠와 아줌마가 자리에서 일어나 먼저 부엌으로 갔어요.

"그런데 아줌마랑 너희 아빠, 진짜 부부 같아."

영택이가 소곤거렸어요.

"웃는 모습도 비슷해."

지훈이도 한마디 했어요. 나도 만족스러운 얼굴로 아줌마와 아빠를 바라보았어요. 아줌마와 아저씨가 이야기하는 모습을 보자 잉꼬부부가 따로 없다는 생각이 들었어요. 아빠도 이제 짝을 찾아야 해. 중이 제 머리 못 깎는다고? 그럼 대신 내가 깎아 줘야지. 나는 두 분의 모습을 보고 흐뭇하게 웃었어요.

"왜?"

아빠와 아줌마가 나를 보고 물었어요.

"아니야, 아무것도."

나는 어떻게 하면 아줌마를 엄마로 만들 수 있을지 생각에 생각을 거듭했어요. 그런데 그 때 영택이가 뜬금없이 물었어요.

"그런데 아줌마, 아저씨? 두 분은 언제 결혼하세요?"

"켁켁켁."

영택이의 물음에 아빠, 아줌마 그리고 나는 사레가 들고 말았어요. 나는 영택이를 보고 씩 웃었어요. 자식! 역시 넌 내 친구야. 적절한 질문이었어! 우리는 밥을 먹다 말고 아빠와 아줌마의 반

응을 보았어요. 아줌마랑 아빠는 얼굴이 빨개져서 어쩔 줄을 몰랐지요.

"지혜 나이가 그렇게 많아서 어디 이 서방 말고 누가 데려갈 사람이 있을지나 모르겠네."

그리고 할머니가 씩 웃었어요. 할머니! 나는 할머니의 말에 뛸 듯이 기뻤어요. 아싸! 할머니도 지혜 아줌마를 마음에 들어 하시는구나. 좋았어! 지훈이, 영택이, 나는 어쩔 줄 몰라 하는 아줌마와 아빠를 즐거운 듯 바라보았어요.

나는 저녁을 먹고 지훈이와 영택이를 배웅했어요.

"불교에 관한 이야기를 듣고 있자니 왠지 너의 아빠가 석가모니가 된 듯한 느낌이었어. 우리는 마치 제자들 같고."

지훈이가 말했어요.

"그런데 좀 어렵지 않았냐?"

영택이가 말했어요.

"히히. 난 그래서 아까 아줌마랑 아빠가 들려주는 이야기에 너희들 얼굴을 상상하면서 들었지. 그랬더니 귀에 쏙쏙 들어오는 거야. 소나는 영택이로, 만동자는 지훈이로……."

"소나영택, 만동지훈?"

영택이가 이름을 말했어요. 하하하.

"듣기 나쁘진 않은데. 시아준수나 최강창민처럼. '소나영택'. 왠지 뭔가 있어 보여. 소나영택! 흐흐흐."

영택이는 '소나영택'을 되풀이해서 말했어요.

"그럼 난 뭐로 하지? 너희가 소나영택과 만동지훈을 해 버리면?"

이름을 합쳐서 부르니까 멋있게 들렸어요. 집에 가서 아빠한테 가장 훌륭한 제자의 이름을 알려달라고 해야겠어요.

짧은 시간 동안 내가 그동안 겪었던 고통을 정리한 것 같았어요. 나는 고통이 뭔지, 고통이 왜 생기는지, 고통을 없애려면 어떻게 해야 하는지, 그리고 고통이 사라진 후에는 어떻게 되는지를 어렴풋이 알 것 같았어요. 정말 고통에 대해서 이렇게 자세히 생각해 보기는 처음이었던 것 같아요. 앞으로 또 언제 이렇게 머리 아프게 고민해 볼까 싶었어요. 내 안에서 꿈틀대는 고통을 들여다보는 일은 나를 알아가는 또 하나의 과정 같아요.

하지만 나의 모습을 알아가는 일이 썩 유쾌한 일만은 아니었어요. 내 안에 일고 있는 슬픔을 똑바로 지켜볼 때는 큰 고통이 따랐거든요. 외면하고 싶은 순간을 바라봐야 하는 것도 또한 큰 괴로움이었고요.

친구들과 헤어져 집으로 돌아오면서 내가 걸어온 13년을 되짚어 봤어요. 며칠 후면 한 살 더 먹고 중학생이 되는데……. 중학생이 되면 또 어떤 고통이 기다리고 있을지 두렵기도 했어요.

하지만 나를 힘들게 하는 고통이 무조건 나쁘지만은 않을 거예요. 고통 없이는 성숙해지지도 않겠지요?

'마음먹은 대로 된다. 마음먹은 대로 된다.'

이 주문을 생각하자 앞으로 일어날 일들에 대한 두려움이 조금 사라졌어요. 그래서 생각했어요. 오늘이야말로 그동안 내가 미루던 일을 해야겠다고 말이죠. 바로 아빠와 지혜 아줌마를 잇는 일! 영택이가 결혼 얘기를 꺼내는 바람에 내가 이야기를 꺼내기가 한결 수월해졌지 뭐예요. 아자, 아자, 파이팅!

알싸하고 차가운 저녁 공기가 코끝을 간질였어요. 나는 숨을 깊게 들이마셨어요. 몸속으로 스며드는 겨울바람을 맞으며 집으로 향했어요. 맑고 상쾌한 공기를 마시며 걸으니 어느 때보다 발걸음이 한결 가벼웠어요.

무명에서 벗어나는 방법

　불교에서는 네 가지의 성스러운 진리인 사성제와 같은 진리에 대한 무지를 '무명'이라고 합니다. 무명은 사물이나 존재에 대해 어두운 것을 의미하지요. 때문에 우리는 사물의 본질을 있는 그대로 파악하지 못하는 것입니다. 우리의 망막에 비친 사물의 현상을 빛을 통해 겉모양을 확인할 뿐입니다. 그래서 눈을 떠도 눈을 뜬 것 같지 않고 보아도 본 것 같지 않게 되는 것입니다.

　그러면 무명에서 벗어나려면 어떻게 해야 될까요? 무엇보다도 사물의 본질을 있는 그대로 보아야 합니다. 사물의 본질은 공(성)입니다. 우리 망막에 비춰진 사물의 현상은 모두 원인과 조건에 의한 결과입니다. 때문에 어떠한 조건이 바뀌면 원인과 결과도 바뀌게 됩니다. 모든 존재는 끊임없이 변화하는 것을 본질로 삼는 것입니다. 따라서 모든 존재는 실체가 아닌 것이 됩니다.

우리의 눈에 보이고 손에 잡히는 것은 모두 허상입니다. 허상은 거짓 모습 혹은 가짜라는 것이지요. 사물의 진실한 모습이 모두 허상이라는 사실은 많은 의미가 있습니다. 우리 모두는 평등하지 않습니다. 나와 네가 모두 실체가 아니라는 점에서만 평등한 것입니다. 무명에서 벗어나기 위해서는 사성제와 같은 진리에 대해 바로 보아야 합니다. 사실 무명은 사성제에 대한 무지를 가리킵니다. 네 가지 성스러운 진리는 고통에 대한 자각과 고통의 원인, 고통의 소멸, 고통의 소멸에 이르는 길이라고 할 수 있습니다.

우리의 고통은 우리가 지은 악업에 의해 비롯되었고 그 악업은 무명 때문에 짓게 된 것입니다. 다시 말하면 진리에 대한 무지인 미혹 때문에 나쁜 업을 짓게 되었고 그 나쁜 업 때문에 고통을 받게 된 것입니다. 원인과 조건에 의한 결과로 이뤄진 존재의 본질을 터득하게 되면 고통에서 자유로워질 수 있는 길이 보이게 됩니다. 고통이라는 결과는 무명이라는 악업이라는 원인에 의해 생겨났고, 악업이라는 결과는 무명이라는 원인에 의해 생겨났기 때문입니다.

병의 원인을 정확히 알게 되면 병을 치유할 수 있듯이 문제의 원인을 정확히 알게 되면 문제의 결과를 치유할 수 있게 됩니다. '병증'은 결과이고 '병인'은 원인입니다. 우리가 고통스러운 것은 병증입니다. 그리고 그 원인은 병인이 됩니다. 그 병인은 악업도 되고 무명도 되는 것입니다. 그러므로 무명에서 벗어나는 과정은 수행이 됩니다. 수행을 통해서 자신의 악업을 지우고 무명에서 벗어날 때 우리는 자유로워질 수 있는 것입니다.

에필로그

오늘은 정말 중대한 일이 있는 날이에요. 제발 아빠가 잘해 줘야 할
텐데.

"아빠! 아직 준비 안 됐어?"

나는 소파에 앉아 연거푸 아빠를 불렀어요.

"형부, 대충하고 나오세요. 그래도 멋져요."

이모도 싱글거리며 아빠를 불렀어요. 아빠가 정말 오랜만에 양복을 입
고 거실로 나왔어요. 짙은 남색 양복에 연노랑 넥타이를 맨 아빠는 5년
은 젊어 보였어요. 아빠는 목을 계속 만졌어요.

"너무 오랜만에 넥타이를 매서 불편하네."

"아빠, 참아야 해."

"선재도 멋진데."

나도 정장을 입어본 게 몇 년 만인지 모르겠어요. 나는 어깨를 으쓱했어요.

"이모, 꽃다발."

"네, 여기 대령했습니다."

이모가 안개와 흑장미로 만든 꽃다발을 주었어요.

"자, 그럼 출발할까요?"

나는 신발을 신었어요.

"이 서방, 잘 하고 오게."

할머니가 미소를 지으며 아빠의 옷매무새를 살펴 주었어요.

"네, 장모님."

"출발!"

나는 아빠의 손을 잡아끌었어요.

시내는 온통 크리스마스 분위기로 가득했어요. 여기저기서 흥겨운 캐럴이 흘러나왔어요.

"울면 안 돼~ 울면 안 돼~ 산타할아버지는 우는 아이에게~ 선~물을 안 주신대요~."

나는 노래를 따라 불렀어요.

"아빠, 올해 내가 받고 싶은 선물이 뭔지 알지?"

나는 아빠를 쳐다보았어요. 아빠는 너무 긴장해서 내가 한 말을 못 들은 모양이에요. 나는 아빠 손을 꼭 잡았어요. 아빠의 땀으로 손바닥이 홍건히 젖어 있었어요. 나는 주머니에서 수건을 꺼내 아빠의 손바닥을 닦아 주었어요.

"아빠, 꽃을 너무 세게 잡고 있잖아."

"어? 어."

아빠는 꽃다발을 잡고 있던 손에서 살짝 힘을 뺐어요. 나는 아빠의 손을 잡고 힘껏 흔들었어요.

"아빠, 걱정 마. 아빠 옆에는 해선재가 있잖아."

마흔 살에 프러포즈라니요. 떨릴 만할 거예요. 나는 아빠를 쓱 올려다봤어요. 수건으로 연신 이마의 땀을 닦고 있었어요. 이마에 흐르는 아빠의 땀을 보면서 아빠가 십 년 동안 쌓아 둔 고통도 함께 흘러내린다는 것을 어렴풋이 알 수 있었어요. 아빠, 이미 엄마는 지혜 아줌마랑 아빠가 결혼하는 걸 허락했을 거예요. 나는 아빠의 손을 잡은 손에 더욱 힘을 주었어요. 우리가 탄 버스는 홍겨운 캐럴에 맞춰 신나게 달렸어요.

똑똑똑.

나는 아줌마 연구실 문을 두드렸어요.

"들어오세요."

밝고 경쾌한 아줌마의 목소리가 연구실 안에서 들렸어요.

"휴!"

아빠가 깊은 숨을 내쉬었어요. 아빠는 집에서 짰던 작전대로 나만 먼저 연구실에 들여보냈어요.

"어머, 이 멋진 신사가 누구야?"

아줌마가 밝은 미소로 나를 맞이했어요.

"아줌마!"

나는 나도 모르게 큰 소리로 말했어요. 아줌마는 나의 목소리에 깜짝 놀랐어요.

"아줌마!"

"응? 말해."

아줌마가 웃으며 나를 바라보았어요. 아줌마의 검은 머리카락이 햇살에 반짝였어요.

"아줌마, 저의 엄마가 되어 주실래요?"

심장이 마구 뛰었어요. 나의 심장은 아줌마 연구실을 정신없이 뛰어다녔어요. 아줌마는 나의 프러포즈에 두 손으로 입을 가린 채 놀라워했어요. 나는 연구실 문을 열었어요. 아빠가 꽃다발로 얼굴을 가린 채 서 있었어요.

아줌마는 환한 미소 속에 눈물을 글썽이며 우리 두 사람을 사랑스런 눈으로 바라보았어요. 아줌마는 아무 말을 하지 못했어요. 아빠가 꽃다발을 내리고 아줌마를 바라보았어요. 아빠의 얼굴이 붉은 노을을 받아 더욱 붉게 타올랐어요. 나는 아빠를 아줌마 앞으로 이끌었어요.

"선재의 엄마가 되어 줄래요?"

아빠가 어색하게 말했어요. 나는 아줌마의 책장 선반에 놓여 있는 엄마 사진을 보았어요. 엄마가 나에게 잘했다고 말하는 것 같았어요. 그때 사진 속 엄마가 나에게 윙크를 하는 것 같았어요. 나도 사진 속 엄마에게 활짝 웃으며 찡긋 윙크를 했어요.

01 선재는 아빠의 친구이자 불교학 전공 교수인 지혜 아줌마를 통해 중도(中道)와 연기(緣起)에 대해 듣게 됩니다. 중도와 연기는 무슨 뜻이며 이들 두 개념은 어떠한 관계 속에 자리하는가 생각해 보시오.

02 선재는 일찍 세상을 떠난 엄마를 생각하며 고통을 받고 있습니다. 생명체가 태어나고 늙고 병들고 죽는다는 것은 어떤 의미를 지니는 것일지 생각해 보시오.

03 선재는 성적이 오르지 않는 것에 대해 고통을 느끼고 있습니다. 아울러 마음에 들지 않는 성적이 나오지 않은 것을 아빠와 이모에게 들킬까 봐 걱정하고 있습니다. 그러면 고통은 왜 생겨나는지 그리고 고통은 어떻게 없앨 수 있는지를 생각해 보시오.

04 선재는 자신의 게임기를 지훈이가 가져갔을 것이라고 단정했지만 사실이 아님을 알고 괴로워했습니다. '나'와 '나의 것'이란 과연 실제로 있는 것일까요. 게임기의 주인과 게임기는 실제로 존재하는 것일까요?

05 붓다는 모든 고통으로부터 벗어나 열반 혹은 해탈에 들었습니다. 그러면 우리도 붓다처럼 고통에서 벗어나 해탈 혹은 열반에 들 수 있을까요? 그러면 어떻게 해야 가능할지 생각해 보시오.

통합형 논술
문제풀이

01 중도에서 '중' 은 '가운데 중' 이 아니라 '바를 중' 입니다. 사전에 보면 여러 가지 뜻이 있습니다. 우리는 천 자문을 외우면서 천 글자 이상을 배우기도 하지만 해당 글자의 뜻을 하나로 고정하는 함정에 빠지기도 합니다. 때문에 사전에 나오는 것처럼 굵은 고딕 글씨로 나온 여러 뜻과 작은 글씨로 나온 뜻들도 익혀야 합니다.

중도를 '바를 중' 자로 읽으면 '가장 올바른 길' 을 말합니다. 연기는 '인연생기' 의 줄인 말로 원인과 조건에 의한 결과인 사물들의 존재 방식입니다. 때문에 중도는 '옳다' 와 '그르다', '좋다' 와 '나쁘다', '나' 다와 '너' 다, '바람이 분다' 와 '깃발이 흔들린다' 등과 같은 두 극단을 넘어선 지혜의 활로입니다.

거문고 줄을 너무 팽팽하게 당기거나 너무 느슨하게 당기면 올바른 연주를 할 수 없습니다. 바로 이 '팽팽함' 과 '느슨함' 을 넘어서는 지혜의 자리에서 아름다운 연주가 이루어질 수 있는 것입니다. 그러니까 중도는 잘못된 견해로 어느 한 쪽에만 붙들려 있는 이들 모두를 살려내는 실천의 큰 길입니다.

이처럼 실체론적 사유로부터 자유로워지는 순간에 우리는 중도의 지혜 속에 살 수 있는 것입니다. 연기는 바로 이러한 실체론적 사유에서 벗어나는 존재의 원리인 것입니다.

02 모든 생명체는 태어나면 죽기 마련입니다. 물리적인 지구는 성(생성)과 주(유지)와 괴(파괴)와 공(소멸)을 반복하고, 심리적인 마음은 생(생성)과 주(유지)와 이(변화)와 멸(소멸)을 반복하며 존재합니다. 유기체인 인간 역시 생(탄생)과 노(노화)와 병(발병)과 사(죽음)를 피할 수 없습니다. 그러니까 태어나는 존재는 모두 죽음을 맞이하고 죽은 존재는 다시 윤회하는 것입니다.

석가모니의 가르침은 바로 생로병사의 윤회를 벗어나 영원한 자유를 얻게 하기 위해 윤회라는 원리를 원용하여 설명하고 있습니다. 선재의 엄마도 생로병사의 윤회를 피할 수 없었던 것입니다.

의 고통도 시간과 공간을 넘어서 적용되는 보편타당한 진리의 형식인 사성제로 풀어 갈 수 있습니다.

03 모든 결과에는 원인이 있기 마련입니다. 원인과 조건과 결과는 함께 존재합니다. 원인과 결과를 중심으로 현상을 설명하는 것을 인과론이라고 합니다. 선재가 성적이 좋지 않았던 것은 시험 준비를 제대로 하지 않았기 때문입니다. 준비를 했더라도 문제가 요구하는 정답을 적지 못했기 때문입니다.

선재가 아빠와 이모에게 시험결과를 솔직하게 말씀드리고 무엇이 문제였는지를 '자각' 하고 '진단' 하여 '처방' 하고 '치유' 라는 것이 지혜로운 길입니다. 선재는 있는 그대로 보는 지혜의 길을 생각하지 않은 채 자꾸 감추려 했기 때문에 고통이 배가된 것입니다.

빨리 문제에 대한 자각을 해야만 문제의 원인 규명이 가능해집니다. 그래야만 치유의 길로 나아가기 위한 처방을 내올 수 있습니다. '네 가지 성스러운 진리' 인 사성제는 석가모니의 핵심 가르침입니다. 선재

04 본디 '나' 와 '나의 것' 은 없습니다. 모든 존재는 어떠한 원인과 조건에 의한 결과로서 자리하는 것입니다. 두 갈대단이 서로에게 의지해서 설 수 있듯이 말입니다. 나의 잘못된 판단과 정보 및 선입견이 남의 진실을 왜곡할 수 있습니다. 지훈이는 선재의 게임기와 비슷한 것을 가지고 있었지만 선재의 것은 아니었습니다. 하지만 선재는 게임기의 겉모습만 보고 그것을 자기의 게임기와 동일한 것으로 생각했습니다.

우리가 만나는 사물의 겉모습과 속은 다릅니다. 겉모습은 변화하는 것입니다. 하지만 속은 변하지 않는 것입니다. 변하지 않는 것은 변화지 않는 것은 없다는 사실입니다. 그 밖의 모든 것은 변화하는 것입니다. 그렇게 본다면 선재의 게임기나 지훈의 게임기도 모두 변화하는 것이므로 실

체가 아닌 것입니다.

05 붓다는 새로운 삶의 전형을 가리킵니다. 생로병사의 굴레로부터 자유로운 삶의 모델입니다. 우리는 모두 생로병사와 같은 근원적인 고통과 사물들에 탐냄과 성냄과 어리석음에 붙들려 살고 있습니다. 이러한 삼독심(탐진치)에서 놓여나고, 생로병사에서 벗어나면 누구나가 부처가 될 수 있습니다.

모든 생명체들은 누구나 부처가 될 가능성을 지니고 있습니다. 비록 지금은 시절인연이 도래하지 않아서 붓다가 되지는 못하였습니다만 언젠가는 자신의 내면에 담긴 불성을 발견하면 붓다가 될 수 있습니다. 선재가 성적과 게임기로부터 자유로워지는 순간 붓다가 될 가능성이 있는 것처럼 말입니다.